体育教师教育课程改革系列教材

中小学体育教学策略与案例分析

主　编　宋　旭　李晓静
副主编　曹　垚　梁占歌　游永豪

WUHAN UNIVERSITY PRESS
武汉大学出版社

图书在版编目(CIP)数据

中小学体育教学策略与案例分析/宋旭,李晓静主编.—武汉：武汉大学出版社,2021.7(2025.7 重印)
体育教师教育课程改革系列教材
ISBN 978-7-307-22296-0

Ⅰ.中… Ⅱ.①宋… ②李… Ⅲ.体育课—教学研究—中小学 Ⅳ.G633.962

中国版本图书馆 CIP 数据核字(2021)第 092596 号

责任编辑:沈岑砚　　责任校对:李孟潇　　版式设计:马　佳

出版发行：武汉大学出版社　(430072　武昌　珞珈山)
(电子邮箱：cbs22@whu.edu.cn　网址：www.wdp.com.cn)
印刷:湖北云景数字印刷有限公司
开本:720×1000　1/16　印张:12.5　字数:201 千字　插页:1
版次:2021 年 7 月第 1 版　2025 年 7 月第 5 次印刷
ISBN 978-7-307-22296-0　定价:39.00 元

体育教师教育课程改革系列教材
编写委员会

主　任：李进华

副主任：曹卓良　宋　旭

委　员：（按姓氏笔画排序）

王　强　申克才　杜　泉　李进华　李晓静
李佳锡　汪　辉　宋　旭　张纪胜　陈　秀
陈明生　郑　贺　胡　昂　胡　蜜　钱立青
钱　雯　唐　洁　曹小云　曹卓良　曹　垚
章　翔　游永豪　梁占歌　操申斌

前　言

为贯彻落实《国家中长期教育改革和发展规划纲要（2010—2020年）》精神，深化教师教育改革，建设高素质专业化教师队伍，提高教师教育专业人才培养质量，2011年教育部发布了《教育部关于大力推进教师教育课程改革的意见》和《教师教育课程标准（试行）》（以下简称《标准》），提出"创新教师教育课程理念""优化教师教育课程结构""改革课程教学内容""建设高水平师资队伍"等方面的指导意见，教师教育课程改革已成为影响新时期教师教育专业人才培养质量的关键。

《标准》明确了专业素养是教师的立身之本，确立了"育人为本""实践取向"和"终身学习"三位一体的教师教育课程目标和课程结构。新设了有效教学、学科课程标准与教材研究、学科教学设计等核心课程，增加了教育研究方法、教师专业发展等新课程。这些课程充分体现了教师教育课程的专业化、职业化、实践化特点，将有力地推进我国教师教育课程改革，提升教师教育专业人才培养的质量。

为适应教师教育课程改革，推进体育学科相关课程建设，满足教学需求，根据《标准》建议模块中的重要专业课程，结合体育学科特点，我们设计和编写了《体育与健康课程标准与教材分析》《中小学体育教学设计》《中小学体育教学评价》《中小学体育教师专业发展》《中小学体育教学研究方法》《中小学体育教学技能训练理论与方法》等体育教师教育课程改革系列教材。

《中小学体育教学策略与案例分析》作为系列教材之一，在编写内容方面注重体育课堂教学改革与发展，突出教材的科学性、系统性、实用性和操作性。中小学体育教学策略和案例分析从理论和实践两个层面进行研究。理论部分重点阐述体育教学、体育教学策略、体育教学规律、体育教学原则的基本理论。实践部分包括体育教学模式、体育教学方法、体育教学组织、体育教学环境、体育教学运动负荷等，以案例为依托，分析了各个部分的理论基础与实践应用。

编写体育教师教育课程改革系列教材是一种新尝试，本教材可以作为高等师范院校体育教育专业本科生和研究生教材，同时也可以作为中小学体育教师进修和教学的参考资料。由于可供参考的同类教材较少，可借鉴的经验不多，水平有限，错误在所难免，真诚希望广大师生和读者提出宝贵意见，以便在修订过程中加以完善，以期不断提高本教材质量。

编　者

2019 年 11 月 30 日

目　　录

理　论　篇

第一章　体育教学 …… 3
第一节　体育教学概述 …… 3
第二节　体育教学的基本组织形式 …… 10
第三节　体育教学中的矛盾关系 …… 11

第二章　体育教学策略 …… 14
第一节　教学策略概述 …… 14
第二节　体育教学策略 …… 16
第三节　体育教学策略案例分析 …… 27

第三章　体育教学规律 …… 45
第一节　体育教学过程的概念与性质 …… 45
第二节　体育教学过程的层次及其特点 …… 49
第三节　体育教学过程中的规律 …… 55
第四节　体育教学过程的优化与管理 …… 60

第四章　体育教学原则 …… 65
第一节　体育教学原则概念 …… 65
第二节　一般性体育教学原则 …… 69
第三节　特殊性的体育教学原则 …… 80

实践篇

第五章　体育教学模式设计与案例分析 …… 93
第一节　体育教学模式概述 …… 93
第二节　几种较成熟的体育教学模式与案例分析 …… 100

第六章　体育教学方法运用与案例分析 …… 118
第一节　体育教学方法概述 …… 118
第二节　常用的体育教学方法 …… 121
第三节　现代体育教学方法与案例分析 …… 134

第七章　体育教学组织管理策略与案例分析 …… 141
第一节　教学组织与管理概述 …… 141
第二节　体育课教学组织与管理的形式 …… 145
第三节　体育课教学组织与管理的内容与方法 …… 149

第八章　体育教学环境创设与案例分析 …… 161
第一节　教学环境概念 …… 161
第二节　体育教学环境 …… 164
第三节　体育教学环境设计与优化 …… 171
第四节　体育教学环境设计案例 …… 179

第九章　体育教学负荷控制与案例分析 …… 183
第一节　运动负荷概述 …… 183
第二节　体育课运动负荷的量度 …… 186
第三节　调控体育课运动负荷的方法 …… 187
第四节　合理安排体育课运动负荷的注意事项 …… 188

参考文献 …… 191

理 论 篇

第一章　体育教学

☞ 引言

体育教学是在学校场域中发生的以知识传授、技能习得、育人为本为目的的一个复杂的教育系统。在这样一个复杂的教育系统中，教师、学生、教材和媒介手段是构成教学环节的重要因素，四者之间通过复杂的交互作用共同承担着体育教学的价值。

☞ 学习目标

通过本章的学习，使学生理解体育教学的概念，熟知体育教学的相关要素，了解体育教学的特点。

第一节　体育教学概述

一、体育教学的概念

课堂教学是教育教学中普遍使用的一种手段，是“以课程内容为中介的师生双方教和学的共同活动。学校实现教育目的的基本途径。其特点为通过系统知识、技能的传授与掌握，促进学生身心发展”。① 它是教师给学生传授知识和技能的全过程，它主要包括教师讲解、学生问答、教学活动以及教学过程中使用的所有教具。它与“个别教学”相对，是把年龄和知识程度相同或相近的学生，编成固定人数的班级集体；按各门学科教学计划规定的内容，组织教材和选择适当

① 顾明远．教育大辞典［M］．上海：上海教育出版社，1990.

的教学方法；根据固定的时间表，向全班学生进行授课的教学组织形式。

体育教学是按一定计划和课程标准进行的有目的和有组织的教育过程。它是以学生身体练习为主要学习形式，以获得身体健康知识、传授运动技术技能、增进心理健康水平为主要学习内容，为增强学生身体素质和运动能力而进行的师生多边互动的教学活动。它是教师的教与学生的学的统一活动，是学生在教师有目的、有计划的指导下，积极主动地学习与掌握体育、卫生保健基础知识和基本的技术技能，锻炼身体，增强体质，发展运动能力，培养思想品德的一种有组织教育活动。

二、体育教学的相关要素

体育教学是教师教和学生学的“双边活动过程”。体育教学与教师、学生、体育教材、媒介手段、环境等因素相关。

1. 教师

教师与学校与教育并存，是活的知识技能载体，有思想有情感，不能被其他任何现代化教学手段所取代。在体育教学过程中，显然只有教师才能具体决定教什么和怎样教。教师既是教育者，又是管理者、创造者，要随时分析过去、把握现在、面向未来，围绕实现体育教学目标作出决策，制订具体目标计划，安排学习条件，提供教学信息，选择课堂教学内容及传输手段方法，评估体育教学过程，尤其是学生的学习效果，并实地领导执掌体育教学过程，协调各种关系，不时了解、激励、教导、指引和影响学生，因而在体育教学过程中起着主导的作用。

2. 学生

学生是教育的对象，是教学信息的接收者。学校教育目标，全部教学设计均指向学生、落实在学生身上。在强调自我教育、自我完善、自我发展、积极参与、公平竞争、团结协作等公民意识作用下，学生应该而且必须成为学习过程中的主体。这是因为学习过程中的认知、体验、运用及健身、健心的过程，除学生自身外谁也无法替代。但学生同时又是被管理者，只有当他们能主动参与教学过程，从智力、非智力和体力上全面投入，积极协同配合并充分发挥其主动性、积极性和创造性，才能取得最佳教学效果。

3. 体育教材

体育教材既是教学的基本内容，又是健身健心的重要手段方法。它以课程目标为引领的内容体系建造，集中反映了学校教育目标的基本要求和价值标准。它既是传递的信息，又是教学过程中的主要目标和成果。因而，教材内容体系的建设与执行对学生的现在和未来发展有着深刻而长远的影响。

4. 媒介手段

媒介手段泛指教学过程中，教师用来直接或间接地向学生传递知识技能和思想情感的、刺激学生学习活动的各种交流形式或工具。包括讲课、讲解、示范、讨论、辅导、答疑、练习、游戏、比赛以及教具模型、多媒体设备、体育场地器材设施等，其主要职能是传递信息，促进学生学习。

5. 环境

环境泛指为体育教学活动提供的背景。包括学校所处的自然环境、校园风气或社会环境、学生集体环境、师生群体环境、教师集体环境以及具体的课堂环境，其主要表现为对待体育及其教学的态度、人与人之间的关系与影响、集体的价值标准、集体内部的交往、外部联系以及有关物质条件特点等。环境支撑着整个过程，直接影响到学生的学习活动及其结果。

三、体育教学的基本特点

（一）身体直接参与

学生直接从事各种身体练习，进行运动学习是体育教学的主要特点。体育教学过程主要是运动性认知，是通过身体练习，使身体活动与思维活动有机结合，掌握体育知识、技能，培养能力，形成正确的态度、情感、价值观。在实现体育教学目标的过程中，学生在身体方面的差异要比在智力方面的差异大而明显。

（二）体力与智力活动相结合

在体育教学过程中，学生在从事各种身体练习时，需要具有一定的体能水平，从外观上看是一种体力活动。但实际上，身体活动过程是人的思维、情感、意志等活动的外显。各种身体练习、运动的完成是体力活动与智力、情感、意志活动相结合、相统一的过程与结果。身体练习的过程中体力活动与智力、情感、意志活动紧密结合，融于一体，形成身体思维，因此体育不仅发展学生的体能，而且也促进了学生的思维活动。

（三）身体承受一定的运动负荷

学生在进行各种身体练习的过程中，机体各器官系统，尤其是运动系统、神经系统、心血管系统等积极参与活动。学生的身体承受着一定运动负荷，学生的新陈代谢活动加快，能量消耗增加，身体的疲劳也随之产生。运动刺激的大小与过程直接影响学生承受的生理负荷的大小与过程，能否正确地安排适宜的运动负荷，不仅影响学生学习掌握体育知识技能的效果，而且对于学生的健康也有直接的影响。

1. 内外合一的健身系统性

体育教学的对象是学生，体育教学效果要在学生身上体现出来。学生具有很强的可塑性，体育教学的每一个构思和步骤，将直接影响学生成长。一个好的教学效果在学生身上的体现，不仅是外在肌肉的力量和肌肉线条的流畅，还是内在骨骼的完善发育和内脏器官的健全，而且也包括整体的匀称、协调发展，并且是按照生长发育的先后有序而全面地发展。

体育教学内外合一的健身系统性，体现了身体发育的有序性和全面性。

（1）有序性

表现在学生身体形态发育的“序”和身体主要器官发育的“序”。

身体形态发育的“序”与体育教学。身体形态指体格、体型和身体姿势。不同的年龄阶段，形态指标具有明显特征。人的身体形态生长发育顺序是头部优先，上身次之，下肢在后。因此婴儿的体型是头大，上身长，下肢短。但到第二次突增期后，便后来居上，首先是下肢迅速发育，其次是躯干，而头部发育则不明显。到成人时，头长了一倍，躯于长了两倍，上肢长了三倍，下肢长了四倍。

在形态发育过程中，由于骨骼的发育快于肌肉，因此表现为人体各长度指标（身高、上下肢长、手长、足长等）的增长领先于围度或宽度（胸围、臀围等）指标。此外，随着学生年龄的增长，体型也不断发生变化。从学生形态发育的年龄特征出发，体育教学中的“有序”表现在：在学生快速发育期间，应加强合理的运动锻炼，以增强对骨骼的血液供应，促进骨骼的快速增长。此外，通过肌肉的剧烈活动，使肌肉获得更多的氧气和营养，从而促进肌肉增长。在第二次生长发育期间，由于脊柱的增长加快，而体重增加较慢，肌肉的支撑力较弱，很容易出现脊柱异常现象。这个时期一定要注意培养学生正确的坐、立、走、跑等身体姿势，加强胸、腰、腹部肌肉锻炼，使之适应脊柱骨增长的速度，促进身体形态的正常发育。同时，由于下肢骨增长较快，下肢在身高中的比例加大，应侧重学生跑、跳、踢等运动能力的发展。

身体主要器官系统发育的“序”与体育教学。关于神经系统。青少年神经系统的发育有如下特点：神经的兴奋与抑制过程不均衡，兴奋占优势而且容易扩散，表现为活泼好动，注意力不集中；第二信号系统的发育远远落后于第一信号系统，表现为抽象思维能力较差；青春期由于性腺活动加强，性神经系统的稳定性受影响，表现为青春期（女生）掌握动作的协调能力下降；神经细胞的工作能力较低，神经过程的强度小，代谢旺盛，表现为易疲劳，但恢复也较快。

关于骨骼肌肉系统。骨骼肌肉系统又称为运动系统。骨骼的发育一般在 20~25 岁完成，肌肉的发育要到 30 岁左右才完成。青少年学生的运动系统有如下特点：中小学生骨骼发育主要表现为长骨的快速生长，骨的成分中水分较多，有机物和骨松质较多，故骨的硬度小，韧性大，韧带薄而松弛，伸长性较好，坚固性较差；肌肉的增长主要表现为长度的增加，肌纤维细长，故肌肉力量和耐力差；大肌肉群发展快而早，小肌肉群相对晚些。到性成熟阶段，身体各部分宽度指标增长加快，骨骼的粗硬程度和肌肉力量明显提高。

关于呼吸系统。小学和初中学生胸廓狭小，呼吸肌较弱，呼吸表浅；高中和大学生呼吸肌增强，呼吸频率逐渐减慢，呼吸深度加大。肺活量随年龄增加而增大，到发育突增期尤为明显。中小学生呼吸调节机能较差，最大吸氧量也低于大学生，运动时负氧的能力相对较差。

关于心血管系统。心血管系统是人体发育最晚的系统。学生心血管系统的特点是：中小学生的心脏发育不如骨骼肌快，心肌纤维细，心收缩力较弱，心率快，但血管壁弹性好，对心脏射血有较大的缓冲作用；大血管和毛细血管口径相对大些，血液外围阻力小，收缩压低；植物性神经对心脏调节功能不完善。中学生与大学生相比，心脏每分输出量偏低，主要靠加快心率来增加心输出量，随年龄增加，心收缩力逐渐增强，心率逐渐减慢。

从青少年学生主要器官系统机能发育的“序”出发，体育教学中的“有序”表现在以下几个方面：

小学阶段，应采用各种练习全面发展身体，为增强各器官系统的功能打下基础。初中阶段，应全面提高身体素质；在青春发育期，应在身体全面发展的基础上，扬长避短，注意加强体能薄弱环节的锻炼。由于小学生和中学生大脑皮层神经过程兴奋和抑制不平衡，应使体育教学内容和组织教法多样化，防止较长时间重复单一内容的练习。

在安排体育教学的负荷时，运动强度不宜过大，而运动密度可稍大一些。运动强度随年龄的增加而增大。中小学生应少进行大负荷的力量练习，尤其不要急于采用静力性力量练习和发展力量耐力的练习。在高中、大学体育教学中，除应多安排不同负荷的各种练习以发展大肌肉群力量外，还应同时安排发展小肌肉群的各种练习。

小学男、女生生理机能差异不显著，组织教学和负荷安排的区别也不明显。但到中学各年级，男、女生差异日益明显。女生开始出现月经后，要注意做好经期的医务监督，月经期可适当地安排活动，但要避免负重和憋气的练习，不做剧烈震动的跑、跳动作。进入性成熟期后，男、女生差异更为显著，体育教学的内容、方法和负荷量都要区别对待。

（2）全面性

体育教学是增强学生的体质、提高其健康水平的过程，不仅具有使学生精力充沛、顺利完成各项学习任务的近期效益，而且具有奠定终身体质基础、延年益寿和提高民族素质的长期效益。故体育教学中的全面性体现在以提高健康水平为目标，使学生身体各个部分、各种运动能力、身体素质及生理机能都得到均衡、对称、协调的发展，克服对局部肌肉力量、筋骨强壮和意志磨炼的片面追求，避免对人体局部机能的强化和单项运动能力的强求。在生物学指标（遗传因素）医学指标和生理指标的监督下，尊重学生的先天条件、兴趣爱好和性格特征区别对待，因人施教，不拘一格地促其全面发展。

2. 身心合一的健身统一性

体育对人自身自然的改造，不仅是形态结构与生理机能的统一，也是身与心的统一。体育教学要在追求学生身体改造的同时，注重学生无形的心理发展。因此，体育教学要善于营造不同于智育教学的、生动活泼的教学气氛，为学生的心理健康发展提供良好的环境。要善于利用体育活动自身所蕴含的吸引力，并通过合理的教学组织，使这种吸引力倍增和放大。体育教学应该是一种快乐的教学，重过程的主动参与，重情绪的积极体验，重个性的独立解放，使人际关系宽松和谐，使学生在轻松明快的环境中，在欢快愉悦的心境下，自由自在、无忧无虑、不知不觉地获得身心的健康发展。

体育教学中身心合一的健身统一性体现于三个方面：

首先，在体育教学中选择教材时不仅要注重教材对学生身体各部分、各种运动能力和各种身体素质的积极影响，而且要注重教材对学生心理的影响，尽可能从心理学、美学和社会学方面使学生得到良好的体验，在完成动作的过程中，不知不觉地感受协调、默契、流畅和成功的欢喜与愉悦。

其次，体育教学的组织教法必须克服一体化的固定模式，体现体育教学生动活泼的教学形式，让学生活动得更自由、更自在、更开心、更充分，从而达到身心和谐和内外兼修的目标。

最后，在注重学生生理负荷起伏变化的同时，还要注重心理活动起伏变化的规律。在体育教学中，学生的身心同时参加活动。在反复的动作和休息交替的过程中，学生的生理机能变化有一般的规律：当进行练习时，生理机能开始变化，生理机能水平开始上升；达到一定水平后，保持一定时间，然后再开始下降。在一定范围内，由于练习与休息进行合理的交替，故学生的生理机能变化呈现出一种波浪式的曲线。与此相适应的，学生的心理活动（主要指思维、情绪、注意、意志）也呈现出高低起伏的曲线图像。这种生理、心理负荷波浪式的曲线变化规律，体现了体育教学鲜明的节奏性和身心的和谐、统一性。

（四）体育教学过程的教育性

“教学过程永远具有教育性”，这是任何教学过程的一条基本规律。古今中外的体育教学，概莫能外。体育教学的教育性主要体现在两个方面：

一方面，在体育教学中组织每一项活动，均有一定的目的任务、组织原则、规则要求、需要学习和掌握相应的动作技术，以及克服各种各样的困难等，这些是构成体育环境的基本因素。学生在这一环境中进行学习、锻炼或参加比赛，就会受到直接的影响。同时，体育环境还包括教师使用的教材、采用的教学方法、教学环境、教学条件、学校传统和班级风气等，这些都会有力地吸引，潜移默化地熏陶、感染和教育与之有关的人。并提供了许多学生乐于自愿接受，更多情况下是不知不觉接受的、有利于个性品质形成的机会和情景，并可促进良好的思想品德和个性品质迁移到学习、生活和工作等各个方面去，以收体育之效。

另一方面，在体育教学中，学生的思想感情和作风，很容易自然地表现出来，这有利于教育者把握学生的思想实际和特点，从而对他们进行有针对性的教育。体育教学中，进行思想品德教育的内容是极其丰富的，概括地说，主要包括：培养热爱集体的情感和意识，培养团结友爱、关心他人、互助合作的思想和意识，培养竞争意识、胜不骄败不馁的精神，培养坚忍不拔、勇敢顽强、机智果断等严良意志品质，以及心情开朗和愉快活泼的良好性格。

第二节 体育教学的基本组织形式

体育课是体育教学的基本组织形式。它对学生掌握体育与保健基础知识，基本技术、技能，进行思想品德教育，促进学生课外体育锻炼，提高运动技术水平，实现学校体育的目的任务具有重要意义。

在体育课教学实践中，按教材的性质、对象的特点及一节课的具体任务等方面，可把课划分为多种类型。又根据人体生理机能活动变化规律，划分出体育课的基本结构，即准备部分、基本部分、结束部分。这三个部分是相对稳定的，是任何体育课都应遵守的共性结构，各个部分的任务、内容、组织教法的安排顺序、密度、负荷及时间的分配称为课的细微结构，它是灵活多样的，具有可变性。

在体育课教学实践中，首先要解决编班分组问题。体育课的编班有男女混合编班、男女分班上课两种形式，并在此基础上按学生的性别、健康状况和体育基础、兴趣爱好、特长与技能水平等条件进行分组，或根据教学需要实行临时分组。其次，要掌握分组教学的形式。分组教学的形式有分组不轮换和分组轮换两种基本形式，可根据学生的人数、教材内容的多少及场地器材情况灵活选用。最后，要认真执行课前、课堂和课后的教学常规，保证正常的教学秩序。上述组织工作对顺利地上好体育课是必不可少的。

课的密度和课的负荷是提高体育课教学质量的关键问题之一。体育课的密度包括一般密度和专项密度，负荷包括运动负荷和心理负荷。我国统编的体育教学大纲和教材不仅指明了体育课的密度、运动负荷和心理负荷各自的内在意义，而且介绍了测定、分析与评价的方法。这对一个学校体育工作者来说，是必须掌握的基本知识和技能。它对工作实践具有重要的指导意义。

体育课中培养学生自我体育锻炼的能力，是当前学校体育改革中提出的新课题，它可以使学生终身受益。自我体育锻炼能力主要由认识能力（包括学习、锻炼的动机，以及对体育知识、技术的理解和分析能力），运用、调控能力（包括运动负荷、心理负荷和动作姿势的自我调控）和自治能力（即从事自我体育锻炼的自我管理能力）等几个方面综合构成。其中，“认识”是基础，“运用”是核心，“调控”是手段，“自治”是保证。体育课中培养学生自我锻炼能力的方法是：结合知识、技术教学培养认识能力，结合练习的组织和方法培养运用、调控能力，结合常规教学培养自治能力，加强课中学生自我体育锻炼能力的培养，使学生掌握锻炼身体的科学方法，促进课外体育锻炼，养成锻炼身体的习惯，使学校体育为学生终身体育打下坚实的基础。

此外，对上好体育课而言，钻研教材、编写教案、培养体育骨干、布置运动场地器材、教师本身的准备，以及进行课的评价等，也都有其一定的规律、明确的要求和方法。

第三节　体育教学中的矛盾关系

一、体育教学中教师与学生的双边矛盾

教师的教和学生的学是对立统一的活动，两者以教学活动为中介，教师和学生相互以对方为前提而存在，教师要做到教而有法，就必须将教学中的知识信息进行加工，变成学生可以接受的状态，使之转化为学生的真知；学生要全身心投入，认识过程和强身健体过程是不可由他人代替的，学生只有自己刻苦攻关才能

够自我发展、提高。

体育教学中，教者要善于教，学者要乐于学，尊师爱生，双边关系处理得好，就能够促进教学质量的提高。若教法低劣，学者怎么能够乐学，若学生懒学，善教也无用。教师热爱学生，学生才会尊重老师，教师有广博的知识、良好的体育技能，才有权威，学生才会爱戴老师。教师严格要求学生，批评学生的错误、缺点，直到学生掌握的运动技能超过老师。这种对立性是产生良好转变的动力，也是自然的，是教学活动健康发展的必然趋势。

国家颁布的学校体育工作条例强调“在体育教学中教师要发挥主导作用，学生要发挥主体作用”。这两个作用，表明师生在教学活动中是不可能有主次地位之分的。教师的主导作用指的是教学过程中教师对学生的指导、引导、教导、疏导。教师受到过专门的训练，对学生教之、导之、时雨化之。“主导”是教师的天职。学生的主体作用指的是学生在自己的认识感受中和锻炼过程中要发挥主动作用。因此，在体育教学中师生关系和谐，对体育教学有积极的意义，对体育教学的顺利进行和体育教学质量的提高将产生直接的影响。教师与学生的双边矛盾推动着体育教学的变化发展。

二、体育教学中群体和个体的矛盾

体育教学是以班级形式展开的，这就在群体和个体之间形成了既对立又统一的矛盾，学生个人不能够离开教学集体而单独上体育课，班级集体教学的体育学习行为是由许多个体的体育学习行为组成的，这是群体和个体相互依赖共存所表现的矛盾的同一性。群体和个体又是对立的。学生的个体差异越大，教学内容选择的可接受性难度越大，教学资源难于满足每个学生，这些矛盾的存在具有普遍性，在实施体育教学中必须按照矛盾的对立统一性规律处理好关系。

首先，应该认真贯彻国家颁发的学校体育工作条例的基本精神，“学校体育教学既要面向全体学生，增强学生的体质，又要注意发展学生的个性”。这就是要着眼全体，区别对待，因材施教。其次，要科学地进行分组教学。在分组的小群体中充分发挥学生的主体性。最后，要把纪律和自由统一起来，学生要严格遵守常规，又不能被管制得太死，只要学生在积极地活动，就不应该是“乱”或“放养式”教学。

三、在教学中能量消耗和体能增长的矛盾

体育运动是以主动消耗能量为特征的，无论何种运动方式，都或多或少地消耗能量。能量的消耗促进能量的增长，即新陈代谢的异化过程促进同化过程，使得身体对不断加大的负荷产生适应，使身体体质产生质的变化。体能的增长以能量消耗为前提，能量的消耗又是以体能的增长为目的，因而存在对立统一的矛盾。在体育教学中，遵循这一矛盾变化规律：首先，要保证肌肉紧张和放松的交替，动作过程中的协调性；其次，要注意运动和休息的间歇；最后，要注意负荷量与负荷强度成反比的合理变化。

四、体育教学中动与静的矛盾

体育运动是以人的形态机能为基础的人体各项生理组织结构间的协调活动，其本质特点是动，体育运动的整个过程都是在运动中进行的。

生命在于运动。但体育运动并非任意的、随意的动，而是一种人体各项生理组织结构间协调一致的运动。所谓协调一致，从哲学上来讲就是一种平衡状态。平衡是一种相对的静。没有各种各样的协调和平衡便没有相对的静，也谈不上体育运动，动和静在体育教学中的作用和地位是不同的。从空间上讲，有的是整体“动”局部“静”，有的是这一部分“动”，那一部分“静”，有的是此一时“静”而彼一时“动”。从总体上讲，动是绝对的，静是相对的。体育课堂教学结构和具体动作的组合，都要保持动静结合的合理节奏，有张有弛，成波浪式变化。由此可见，体育运动中的动与静是相互规定、相互包含的，即动中有静，静中有动，任何体育运动都是动和静的统一体。

◎ 讨论与思考：

1. 什么是教学？什么是体育教学？
2. 体育教学的相关要素有哪些？
3. 体育教学有何特点？
4. 在体育课堂教学中会出现哪些矛盾？结合实例，谈谈如何解决这些矛盾。

第二章　体育教学策略

☞ 引言

体育教学策略是为了达到体育教学目标，在对教学活动清晰认识的基础上对体育教学活动进行调节和控制的一系列执行（实施）过程。体育教学策略反映和体现了体育教学过程的有效性，具有很好的教学实施指导性。

☞ 学习目标

通过本章的学习，使学生理解体育教学策略的概念，知道体育教学策略的类型，了解体育教学策略的特点，并能对体育教学过程中存在的问题选择合适的体育教学策略。

第一节　教学策略概述

一、策略的概念

“策”在中华字典中解释为：“为达到某一目的而巧妙设计的诡计或方法。”“策略”在新华字典中解释为：“根据形势发展而制定的行动方针和方法。”《人物志·接识》中说：“术谋之人，以思谟为度，故能成策略之奇，而不识遵法之良。”上海辞书出版社1989年出版的《辞海》中认为策略是指：“根据形势发展而制定的行动方针或斗争方式，指一种计策谋略。”“计策谋略”或“思谟”，指的是心理活动，是人对特定环境的一种概括性思考，是在对特定情境进行分析的基础上建构而成的。策略的建构是一个动态的过程，强调随情境变化而变化，不是一成不变的。

二、教学策略

教学策略有广义和狭义之分。广义的教学策略既包括教的策略，又包括学的策略；狭义的教学策略仅指教的策略。教学策略最早是从心理学概念中的“认知策略”演变而来的，由1956年布鲁纳提出并予以验证。加涅首次将研究课程与教学的重点从教学内容的选择和安排转向对教学方法的选择，他在“指导教学模式”理论中强调教学对学生学习的内部过程的影响，强调教师对学习过程的指导和促进作用，并提出以“管理策略”和“指导策略”为核心的教学设计模式。以美国的罗伯特·格拉塞为代表的认知心理学家通过研究证明：改善和提高教学策略有助于教师提高课堂教学质量，并开始运用“教学策略”一词。我国是在20世纪90年代随着现代教育技术的发展而产生“教学策略”这一名词。国内外的教育研究者对教学策略的定义主要有以下几种：

（1）教学策略包括“管理策略”和“指导策略”两方面。

（2）教学策略是为完成特定目标所设计的指示性教学技术①。

（3）教学策略是系统地安排教师的活动，用以帮助学生达到某一单元所确定的教学目标。

（4）教学策略是指教学活动的顺序排列和师生间连续的有实在内容的交流；教学策略用来表示为达到某种预测的效果所采取的教学行动②。

（5）教学策略是为了实现教学目标、完成教学任务所采用的方法、步骤、媒体和组织形式等教学措施构成的综合性方案③。

（6）教学策略是指以一定的教育思想为指导，在特定的教学情境中，为实现教学目标而制定的，并在实施过程中不断调适、优化以使教学效果趋于最佳的系统决策与设计④。

---

① ［美］埃金等．课堂教学策略［M］．王维诚等，译．北京：教育科学出版社，1990：1.

② 中央教科所译．简明国际教育百科全书［M］．北京：教育科学出版社，1990：261．刘克兰．现代教学论［M］．重庆：西南师范大学出版社，1993：80.

③ 李康．教学策略及其类型探析［J］．西北师范大学学报，1994（3）．

④ 冯克诚．课堂教学组织调控技巧全书［M］．北京：国际文化出版公司，1996：410.

通过上面的定义，可以看出。第一，教学策略是教师在教学过程中采取的一系列措施，而不是教学活动展开前的教学设计、教学方案。第二，教学策略带有很强的目的性，是为完成一定的教学任务而进行的。第三，教学策略是基于对现实的教学活动的认识而采取的措施。第四，教学策略有一定的教学理论成分，是对一定教学理论的具体化，受一定的教学理论的支配和制约。第五，教学策略有变通性，要随教学的进程对教学措施进行反馈和调控，它不同于教学模式和教学方法。

第二节　体育教学策略

一、体育教学策略的含义

体育教学策略是为了达到体育教学目标，在对教学活动清晰认识的基础上对体育教学活动进行调节和控制的一系列执行（实施）过程。它包含以下几层含义：①

第一，教学策略是教师在教学过程中所采取的一系列措施，而不是教学活动展开前的教学设计、教学方案。

第二，教学策略带有很强的目的性，是为了达到一定的教学目标而进行的。

第三，教学策略是基于对现实的教学活动的认识而采取的措施。

第四，教学策略包含有一定的教学理论成分，是对一定教学理论的具体化，受一定的教学理论的制约。

第五，教学策略有变通性，要随着教学进程对教学措施进行反馈和调控。

骆秉全认为，体育教学策略是体育教学方法的选择、调节和监控，并将其分为教与学方法的选择、调控和监控等部分。②

邵伟德认为，体育教学策略可理解为顺利有效地解决体育教学过程所遇障碍

① 刘健．关于体育教学策略的研究［J］山西师大体育学院学报，2004，3

② 骆秉全．论体育教学的策略［J］．北京体育师范学院学报，1997，9（3）：31-35.

和困难的巧妙设计的方法。①

单炯认为，体育教学策略是由教学程序设计和教学实施方法、手段、组织形式、步骤，以及措施与控制技术、技巧、艺术、谋略等构筑成的优化设计的教学方案，由指导思想、实施程序、行为技术、效用评价四部分构成。②

体育教学策略是指在一定的体育教学思想的指导下或在一定的体育教学实践经验的基础上，为有效地达成一定的体育教学目标而对体育教学活动的操作程序、方法、手段、技术等方面做出的概括性规定③。

体育教学策略是在体育教学实施中进行系统决策活动的动态过程，是通过概括的思考对体育教学活动全过程进行的整体性预先谋划，是根据体育教学规律，作为体育教学设计的有机组成部分，在体育教学情境中为适应学生体育学习、活动的需要和完成体育教学目标而对多种体育教学方法的整合，并随着体育教学情境变化而进行适时的调整。

二、体育教学策略的结构

体育教学策略包括对教学过程、内容安排、教学方法、步骤、组织形式的选择，由于这些因素的组合方式多种多样，因此制定或使用体育教学策略就存在着内部结构问题。体育教学策略的结构是指教学策略各组成要素之间相对稳定的联系方式、组织秩序及其时空关系的内在表现形式。一个成熟有效的体育教学策略一般包括以下几个要素：

1. 指导思想

指导思想即某一教学策略所依据的理论基础。它能对具体的教学策略作出理论解释，是体育教学策略的核心。每一种教学策略的制定，必须有一定的教学观念、教学理论作支撑。在体育教学策略的制定和实施过程中，教师拥有不同的教学思想，就会采用不同的教学策略。例如，要大面积提高体育教学质量，促进学生与学生之间的互动，就可以采用群体合作教学策略。

2. 教学目标

---

① 邵伟德．论体育教学策略［J］．首都体育学院学报，2001，13（2）：6-9.

② 单炯．试论体育学科的教学策略［J］．体育科研，2000（2）：39-41.

③ 靳玉乐．新教材将会给教师带来什么［M］．北京：北京大学出版社，2002：75.

任何一种教学策略都是指向一定的教学目标，教学目标是教学策略的核心要素，对其他教学要素起制约作用。对体育教学策略的运用，无论是活动内容还是活动细节、活动方式，或者是活动的程序都是指向教学目标的，为达成教学目标而存在的。在体育教学中，教学目标不同，所采用的教学策略也不同。教师在制定体育教学策略时必须明确，通过体育教学要使学生在本单元、本课时应达成什么目标。

3. 实施程序

体育教学策略是针对一定教学目标相互组织起来的程序，因此有其自身的操作序列，即体育教学策略按时间展开的逻辑活动步骤。由于体育教学活动的复杂性和特殊性，体育教学策略的实施程序只能是基本的和相对稳定的，而不是僵化的和一成不变的，也就是说体育教学策略的实施程序有一定的前后顺序，但没有定式，可以随着教学条件的变化以及教学的进程及时调整和变换。

4. 操作技术

操作技术即体育教师运用教学策略的方法和技巧。要保证体育教学策略的有效实施，就必须提出简明易行的操作要领，一般包括以下几个方面的内容：(1) 教师方面，教师教学策略中的角色、作用或对教师的要求。(2) 教学内容方面，包括教学策略的依据和对教学内容的处理。(3) 教学手段方面，除通常教学所运用的教学手段外，还包括运用本策略所需的特殊教学手段。(4) 使用范围方面，包括本策略适用的问题。

5. 教学评价

教学评价主要是指向对教学过程与结果做出的一系列的价值判断行为，评价行为贯穿着整个教学活动的始终。包括学生体育学习的评价策略和教师体育教学的评价。

(1) 学生体育学习评价策略就是根据新课标的目标，编制以衡量学生健康水平为主的多元化评价内容，运用客观定量和主观定性相结合的评价方法，实行终结性评价与过程性评价相结合，分析学生绝对性和相对性的学习结果。通过学习评价为学生提供了一个了解自己能力、水平、个性的机会，以便做到扬长补短，促进全面的进步与发展，最终使学生体验到体育活动的乐趣与喜悦。

(2) 教师体育教学评价策略就是采用教师自我评价和学生评价相结合，借鉴同行、专家评价和学生成绩分析的方式，对教学准备与实施的开展情况及实现教学目标的有效程度进行评价，从而了解教师的教学情况，分析教学过程中的成败得失，为教师提高自身专业素养，改进体育教学工作，提高体育教学的有效性提供具体、准确的反馈信息。

三、构建体育教学策略的理论基础

（一）主体性教育：体育教学策略的教育学基础

主体性教育就是，教育者通过启发、引导受教育者内在的教育需要，创设和谐、宽松、民主的教育环境，有目的、有计划地组织、规范各种教育活动，从而把他们培养成为自主地、能动地、创造性地认识和实践活动的社会主体。①

体育主体性教育思想是从对人的哲学分析入手，研究教育对人良好素质的全面建构，提出了关于尊重学生主体性的思想；关于促进学生个性自由充分发展的思想；关于发展自主性、主动性和创造性的思想。其实质就是充分尊重、发挥受教育者的主体性，培养具有主体性的人，是教育培养具有开拓创新人才的时代要求的体现。

学生的主体地位和主体性表现可分为以下四个层面：学生是学习的主体，学生是交往的主体，学生是自我生活的主体，学生是自我发展的主体。但是，由于受到学生自身的年龄、知识、经验能力的局限，学生的主体地位和主体性在性质和形态上，尚处于初级的软弱的阶段。

根据对学生的主体地位和主体性的认识可以看出，体育主体性教育要求教师在多层面内创造条件，通过积极的引导和帮助，保证学生的主体地位和主体性，促进学生向更高层次的完整的人生成长。

（二）学习方式：体育教学策略的学习论基础

自主学习、研究性学习、合作学习是当前以创新精神为核心教育理念下课程改革所强调的三种学习方式。倡导执行这三种学习方式的目的在于改变传统的以教师为中心、以课堂为中心和以书本为中心的局面，促进学生自主、协作、创新

① 张天包．主体性教育［M］．北京：教育科学出版社，1999：39.

意识以及实践能力的发展。这三种学习方式各自包含着不同的意义：

第一，自主学习是指学生自己主宰自己的学习，具有能动性、独立性、有效性、相对性的特点。①

第二，研究性学习是一种以问题为载体、以主动探究为特征的学习方式，是学生在教师的指导下在学习和社会生活中自主地发现问题、探究问题、获得结论的过程。②

第三，合作学习就是在教学中运用小组学习方式，使学生共同开展学习活动，最大限度地促进他们自己以及他人的学习的一种学习方式。

三种学习方式，各自强调的侧重点不同。自主学习强调个体独立、主动、自觉、自我负责的学习，强调对学习的自我定向、自我监控、自我调节和自我评价，与被动学习是相对的。研究性学习强调以问题为依托，以探究、发现的方式来习得知识和技能，与接受学习是相对的。合作学习强调以学习小组为依托，以群体的分工、协作为特征来进行学习，与独立学习相对。但在实际的学习情境中，这三种学习方式存在着一种相互支持、互为补充的关系。

（三）课程标准：体育教学策略的课程观基础

国家教育部于2000年颁布了《中小学体育与健康课程标准》。课程标准与旧大纲在很多方面存在区别，最根本的实质是体育课程内涵的发展变化，教师的课程观必然需要发生相应转变。主要表现在以下几方面：

从强调体育学科内容到强调学生的经验和体验。把学生的健康置于体育健康课程的核心，避免把体育课程的内涵与竞技运动等同起来，更多地关注学生现实的经验和体验。

从强调体育教学目标、计划到强调体育教学过程本身的价值。走出预期目标、计划的限制，强调教学过程，把教学目标、计划整合到教学过程和教学情景中，使之促进教师和学生的创造性的发挥。

从强调单一教材因素到强调教师、学生、教材、环境四因素的整合。课程标

① 钟启泉．基础教育改革纲要（试行）解读［M］．上海：华东师范大学出版社，2001：259-261.

② 王升．研究性学习的理论与实践［M］．北京：教育科学出版社，2002：10-12.

准强调学生的经验、体验和教学过程本身的价值，它要求把体育课程变成为一种由多因素组成的具有整合性、动态性、成长性特征的完整文化系统。

从强调显性课程到强调显性与隐性课程并重。谋求创设出宽松、自由、富有创造性的教育环境和教学情景，使隐性课程和显性课程能够和谐统一，减少隐性课程出现负面影响，发挥其积极作用。

四、体育教学策略的内容

（一）教学策略的类型

美国学者梅里尔曾提及教学策略的类型问题，指出不同类型的教学策略可以增进不同种类的知识和技能的学习，但他没有进一步提出确切的分类标准和体系。1976 年，美国学者史密斯提出了以经验为基础的两种教学策略，即内容限制性策略和非内容限制性策略，内容限制性策略注重师生与教学内容的关系，非内容限制性策略则强调师生间的关系，它包括课堂教学策略、课堂管理策略以及师生间和学生间的合作策略。加涅则把教学策略分为管理策略和指导策略两大类。

我国学者黄高庆等以两重标准将教学策略划分为一般性教学策略和特殊性教学策略、问题指向型教学策略和自我指向型教学策略。

一般性教学策略是一般情况下都要运用的用以解决一般性教学问题的策略，如教材呈现策略、课堂管理策略、教学评价策略、教学资源管理策略。

特殊性教学策略是只有在特殊问题情境中运用或运用时具有个人特点的策略，如代数教学策略、阅读教学策略、情感式教学策略、钱梦龙的训练式教学策略等。

问题指向型教学策略主要指向于教学策略活动的作用对象-教学问题，针对不同的问题就有不同的策略，如动机激发策略、情感沟通策略、态度改变策略、行为矫正策略、民主教学策略、合作教学策略、启发式教学策略等。

自我指向型教学策略主要指向于教学策略运用者自身的思维活动，如思维方式变换策略、思维方向转换策略、知识类型替换策略等。

（二）体育教学中的教学策略

从过程整体性的角度出发分析，按照目标管理的教学流程，教学过程可以划分为：教学的准备、实施、评价三个阶段，据此划分教师在处理每一阶段过程所表现出来的行为方式，即：教学准备策略、教学实施策略和教学评价策略。

1. 教学准备策略

教学准备策略主要是指向教师在体育课堂教学以前所有处理的具体的问题解决行为方式。主要解决下列问题：教学目标的确定与叙述，教学内容（主要指身体活动）的选择与处理，主要教学行为的选择与组合，教学组织形式的编制，教学方案的形成。

（1）教学目标的确定与叙述策略

体育教学目标有课程目标、领域目标、水平目标、单元目标、课时目标五个层次，是不断具体化的递进形式的完整体系。其中，课程目标、领域目标、水平目标在课程标准中都已经明确规定下来，体育教师的主要任务是要确定单元教学目标和课时教学目标。

确定单元和课时教学目标时，必须做到：

第一，考虑上位目标的要求，即从领域目标出发，依据水平目标的内容。

第二，考虑同位目标的联系，即单元内容的特点及单元之间的相互联系和影响。

第三，考虑目标确定时的多层次需要，即学生能够达到的目标的个体差异性。

（2）教学内容的选择与处理策略

课程标准提出了达到课程目标内容和活动的建议，却没有规定具体的教学内容，使教师在教学内容的选择与处理方面有了权利与空间。在选择教学内容时要重视对身体健康是否有利，关注对心理健康和社会适应是否有利；应该考虑学生的主体需要；关注教学内容的科学性和实效性，并对纯竞技运动项目进行必要的简化处理。

（3）教学行为的选择与组合策略

选择与组织教学行为需要研究学生的准备程度，从学生身心发展特点和学校实际教学环境出发，根据课堂教学情景，分析各种教学行为完成教学目标的可能性及适合性，考虑教师自身的优势和特点。按教学的需要和一定的规律将多种具体的、不同的教学行为综合优化组合，使多种教学行为有机结合、相互配合，在教学过程中发挥整体效能。

（4）教学组织形式的制定策略

教学组织形式的制定策略就是从教学诸因素出发，以班级制为基本组织形式，将多样的、多维度的组织形式综合起来。

当今体育教学实践中是多种教学组织形式并存、共同发展。其中班级教学制在发挥教师效益方面的优势是无法被替代的，在以后相当长的时间内还将是体育教学基本组织形式。但班级教学制也有一定局限性，需要用分组练习、个别指导等其他教学组织形式对它进行必要的辅助或补充。同时，制定教学组织形式时就必须从人员、时间、空间等方面多维地加以考虑，这也决定了体育教学活动中不同组织形式的同时并存。

（5）教案的编写策略

教学准备的结果就是形成一个具体的教学方案，即教案。教案的编写和管理其实是一种保证后续教学实践活动效益的手段。教案应该是个性化的，教学实施本质上是一种艺术性行为，需要有个性化的独特风格；应该是灵活的，便于根据教学情景（即学生的准备、状态、反应和教学环境状况）的变化进行即时调整；应该是简略的，避免过于详尽、具体的教案束缚教师和学生的创造性活动。

2. 教学实施策略

教学实施策略主要是指教师为实施预定的教学方案而在课堂内发生的一系列行为。教学实施策略按照行为功能划分主要有两方面：课堂管理策略与课堂教学行为策略。课堂教学行为策略又可具体划分为，直接指向预定的教学目标和内容的直接教学行为策略和指向非预期性或非计划性的知识、价值观念、规范和态度的辅助教学行为策略。

（1）课堂管理策略

课堂管理策略指向课堂中学生所发生的破坏性行为或偶发事件，对学生活动行为规范的管理，为教学的顺利进行创造条件和确保教学的时间效益。是教师在教学过程中，按照教育方针，合理地运用制度约束、环境导向和激励机制，有目的地提高学生思想道德和行为规范，即教书育人。

（2）直接教学行为策略

直接教学行为策略指向预定的教学目标和内容，是预先设计准备的整套的教学实施行为方法。就是在具体教学过程中，以通俗准确的讲解和规范优美的示范，采用灵活多样的教学技巧，使学生在无意与有意注意、直接与间接兴趣、形象与抽象思维及各种感知觉器官的共同协作活动中，达到最佳学习效果。

（3）辅助教学行为策略

辅助教学行为策略指向非预期性或非计划性的知识、价值观念、规范和态度，是即时发挥的行为方法。主要是通过建立在民主、平等、和谐的师生关系之上的有效课堂交流，激发培养学生体育学习、活动的动机，使学生充分发挥自身的学习主动性。

3. 教学评价策略

教学评价策略主要是指向对教学过程与结果做出的一系列的价值判断行为，评价行为贯穿着整个教学活动的始终。包括学生体育学习的评价策略和教师体育教学的评价策略。

（1）学生体育学习的评价策略

学生体育学习的评价策略就是，根据新课标的目标，编制以衡量学生健康水平为主的多元化评价内容，运用客观定量和主观定性相结合的评价方法，实行终结性评价与过程性评价相结合，分析学生绝对性和相对性的学习结果。通过学习评价为学生提供了一个了解自己能力、水平、个性的机会，以便做到扬长补短，促进全面的进步与发展，最终使学生体验到体育活动的乐趣与喜悦。

（2）教师体育教学的评价策略

教师体育教学的评价策略就是，采用教师自我评价和学生评价相结合，借鉴同行、专家评价和学生成绩分析的方式，对教学准备与实施的开展情况及实现教学目标的有效程度进行评价，从而了解教师的教学情况，分析教学过程中的成败得失，为教师提高自身专业素养，改进体育教学工作，提高体育教学的有效性提供具体、准确的反馈信息。

体育教学策略是建构在策略的特定范畴内，关于体育学科的教学策略，是通过概括地思考对体育教学全过程的整体性预先谋划，是可进行适时调整的动态系统决策活动过程。构建体育教学策略是以主体性教育思想，自主学习、研究性学习、合作学习的学习理论，以及新的体育课程观为理论基础。

体育教学策略的内容应该包括体育教学的全过程，按照目标管理的教学流程可以具体划分为：教学准备策略、教学实施策略和教学评价策略。

目前对体育教学策略的研究尚处于初级阶段，这就需要广大体育教师注意培养自身良好的思维品质，吸取其他教师的经验，总结自己的教学实践，不断丰富、完善、创新体育教学策略。①

五、体育教学策略的特点

（一）操作性

对于师生双方来说，体育教学策略必须具有可操作性。不具有可操作性的体育教学策略是不可能真正发挥指导师生双方进行教学活动的作用。可操作性是体育教学策略有别于教学思想、教学模式等理论形态的标志。②

例如，针对学生在体育课堂教学中被动参与、学习积极性不高的状况，采用主动参与教学策略，使学生主动积极地参与到课堂教学之中以提高教学质量。任何体育教学策略都是针对教学目标的每一具体要求而制定的，具有与之相对应的方法、技术与实施程序，它要转化成为教师与学生的具体行动，这就要求体育教学策略必须是可操作的。

（二）灵活性

在具体的教学活动中存在着许多变量，如教师和学生的心理状况、教学活动中的意外事件、学生对教学活动的反应等。这些变量使得教学活动呈现一定程度的可变性。这就需要师生双方在按照体育教学策略所规定的程序、内容进行教学活动的过程中，根据变化中的教学活动适当地调整教学策略，使教学策略与教学活动保持动态一致。

体育教学策略与所要解决的教学问题之间的关系不是绝对的对应关系。同一

① 钱钧．体育教育策略的构建与研究［J］．西安体育学院学报，2008：6.

② 王德平．新课程教学设计体育［M］．大连：辽宁师范大学出版社，2002：57.

策略可以解决不同的问题，不同的策略也可以解决相同的问题，这就要求体育教学策略具有灵活性。体育教学策略的灵活性还表现在教学策略的运用可随着问题情境、目标、内容和教学对象的变化而变化。

（三）目的性

教学目标是教学策略的灵魂，是制定教学策略的方向性依据，是实施教学策略的参照，是评价教学策略的有效性的重要标准。因此，体育教学策略具有明确的目的性。体育教学策略的产生就是为了解决现实的教学问题，掌握一定的教学内容，实现预定的教学目标，达到预期的教学效果。体育教学策略的这个特点体现在两方面：一方面是，一定的体育教学策略总是针对一定的教学目标的，而且总是尽力满足教学目标所提出的要求；另一方面是，运用体育教学策略的活动无论是活动的内容、方式、程序都是指向体育教学目标的，即为达到一定的教学目标而存在。

当达到一定的教学目标，完成了一定的教学任务时，这一策略及其相应的手段即不再继续运用而指向新的教学目标，施行新的教学策略。

（四）相对概括性

教学策略在尽量反映具体教学活动过程的程序、方法、手段的同时，也必然而且应该具有一定程度的概括性。因为具体教学活动毕竟是生动的、丰富多彩的、多变的教学策略，不可能反映具体教学活动的方方面面。

体育教学策略是在教学之前按照一定的目标和要求预先设计出来的教学方案程序。在设计过程中，相关的方法和技术以及方法技术操作的具体要求以一定的形式组合起来。

例如教学活动的认知过程、教学活动的调控和教学方法的执行过程等，在此基础上对体育教学进程和师生互动方式做出全面的安排，并能在实施过程中及时反馈、调整，在组合这些相关因素时，必须对体育教学的全过程及其各要素加以综合考虑。这一特征强调的是体育教学策略不是某一单方面的教学谋划或措施，而是某一范畴内具体教学方式、措施等的优化组合。

（五）具体多样性

教学策略总是针对和指向具体教学活动的作用对象和教学问题，针对不同的问题就有不同的教学策略。体育活动是兼身体练习、知识传授、思想品德教育为一体的特殊教学活动，这一特点体现了体育教学策略比一般的教学活动更具多样性。大的方面有运动技术教学策略、激发体育动机兴趣策略、体育知识传授策略、体育道德作风教学策略等。小的方面有情绪沟通策略、错误动作纠正策略、体育教法选择策略、自主学习策略、合作学习策略、探究学习策略等。

总之，只要存在教学问题和情境障碍就有相应的教学策略，除非体育教师置之不顾、我行我素，只凭主观臆断传授体育知识技术。

第三节　体育教学策略案例分析

追求体育教学的实效性是体育教学的核心目标，而要保证教学目标的实现，教师必须掌握相关的教学策略，协调体育教学中各要素之间的关系，解决体育教学教多少、怎么教、用什么教的问题。

案例一　实施自主学习的体育教学策略

自主学习是指学生自己主宰自己的学习，是与他主学习相对立的一种学习方式。包括对自己的学习活动的事先计划和安排，对自己实际学习活动的监察、评价、反馈，对自己的学习活动进行调节、修正和控制。

（一）指导思想与目标

在体育教学活动中以学生为中心，充分尊重学生的自主性，使学生在积极主动的体育学习过程中，获得独立处理和运用体育信息、体育资源的能力，满足学生在学习内容、时间、地点、形式上的选择，赋予学生相应的权利，并使学生行使自己的权利。

（二）教学程序与技术运用

满足学生体育学习的选择，给予学生自学的机会，在学生积极主动的学习过程中，采用异步指导。在充分相信学生的前提之下，留给学生一定的时间和空间，因此教师要做到“先学后教，先练后讲”。这种先学先练是作为教学过程的一个环节，直接制约教师的教授。同时，也只有教师的教授是从学生的自学情况出发，学生才能真正重视先学先练的机会。

1. 指导自学方法

主要考虑三方面的学法指导：第一，一般性体育学法指导，包括观察的方法、分析的方法、模仿的方法、练习的方法等，指导一般性体育学习方法常常是渗透在体育课堂教学环节中和学生具体身体活动中，以使之具体化、可操作化；第二，结合教学环节的学法指导，包括针对课堂内容中如何确定自学目标，如何独立学习（独立观察、独立练习、自我评价、自我改进等），如何展现学习结果，如何接受评价；第三，结合具体项目的学法指导，把不同项目的不同学法归类概括，系统化、结构化地呈现给学生，促使学生形成迁移能力。

2. 异步教学

在学生先学先练的基础之上教师进行教授，学生自学结果可以反映出学生的差异，使教师更容易发现、照顾学生的差异，从而便于教师采用异步教学。异步教学主要按照学生的差异分层，在教学目标、要求、指导、考核等方面采取区别对待。

（三）教学评价

在放权自学和教师指导的过程中需要注意学生个体的生理、心理、社会适应等方面的差异。只有承认差异、认识差异、针对差异的体育教学才能够使每个学生有所发展。因此教学评价是要根据学生发展采取过程性与终结性有机结合的评价方法，突出个人进步，促进学生目标达成。

案例二　实施研究性学习的体育教学策略

研究性学习是一种以问题为载体、以主动探究为特征的学习活动，是学生在教师的指导下，在学习和社会生活中自主地发现问题、探究问题、获得结论的过程。作为一种学习方式，研究性学习是与接受性学习相对的一个概念。

（一）指导思想与目标

研究能力在人才能力结构中是至关重要的，通过研究性体育学习培养学生的研究能力，是符合现代学校培养人才的基本要求的。在体育教学中学生利用已有知识、技能、经验，解决教材中或生活中的未知问题，通过“问、思、学、练”等方式，获得体育知识，增强体育能力，同时发展选择信息和探索问题的能力。

（二）教学程序与技术运用

从体育运动或现实生活中选择和确定研究主题，创设情境，通过学生发现问题、搜集和处理信息、身体实践练习、表达交流等探索活动，获得直接经验，发展知识、技能、情感与态度。

1. 创设合理、科学的情境

通过启发诱导，在现有条件下，以经过选择的教学内容为基本探索内容，将学生自身生活中的实际需要纳入研究问题，使问题本身具有真实性。为学生提供自由表达、质疑、讨论、研究的机会，让学生通过多种尝试活动，解决实际问题。

2. 培养研究能力

第一，培养发现问题和解决问题的能力，通过引导和鼓励学生自主地发现和提出问题、收集和分析资料、设计方案、亲身实践、交流体验等活动，引导学生应用已有知识、经验、能力和体育研究方法，发展学生发现问题和解决问题的能力。第二，培养收集、分析和运用资料的能力，帮助学生利用多种有效手段，围绕研究主题获取信息，整理与归纳信息，判断和识别信息的价值，并恰当地利用信息来设计方案。第三，培养实践体验的能力，研究性体育学习的重要特点就是身体活动，只有通过学生亲身经历体育运动实践，才能检验各种信息的可靠性和设计方案的有效性。要鼓励学生勤于实践、积极活动、大胆尝试，提高体育实践的能力。

（三）教学评价

研究性体育学习是一种具有自主性、开放性特征的体育学习方式，需要强调学生通过亲身参加体育活动实践体验体育学习，需要综合运用已有的各方面知识、经验、技能解决学生自身的和生活中的实际问题。评价时要注重考查学生参与研究和研究效果的评价，促进学生积极思考、主动参与。

案例三　体育教学中情感教学的策略

情感是人类心理活动的重要组成部分，是人对于客观事物、对于自身、对于自己活动态度的体验。深厚而强烈的情感能成为加深人的认识，推动人的行动的力量。在教学活动中，只有认识因素和情感因素得到和谐统一，才能使每个学生都学得有趣，学有所成，学有提高，都成为学习上的成功者。

（一）指导思想与目标

激发学生的学习积极性情感和情绪是一种内在的动机力量，直接影响着学生的学习。著名教育学家赞可夫在提出高速度、高难度教学思想的同时，多次强调情感作用。他指出：“教学法一旦触及学生的情绪和意志领域，触及学生的精神需要，这种教学法就能发挥高度有效的作用。”他还指出：“扎实地掌握知识，与其说是靠多次重复，不如说靠理解，靠内部的诱因，靠学生的情绪状态而达到的。”快乐的学习情绪气氛，能为学生在教学活动中充分发挥智能潜力提供最佳的情绪背景。学生在这样的情绪气氛中进行体育学习，不仅情绪高涨，学得主动、积极，而且能学得生动活泼，富有高效性、创造性，使聪明才智得到充分施展，能有效地培养学生良好的学习态度和调动其学习的积极性，使教学效果最优化。

（二）教学程序与技术运用

1. 创设良好的课堂气氛

现代教学论专家斯卡特金指出：“未经过人的积极情感强化和加温的知识将使人变得冷漠。由于它不能拨动人们的心弦，很快就会被遗忘。”他认为教学的任何途径都要作用于学生的情感，要使学生的学习态度染上情感的色彩，要引起学生的感受。因此，不考虑学生的情感因素，固然也能使他们学到知识和技巧，但不能引起他们的兴趣，不能使他们始终保持积极的学习态度。

苏联教育家、最优化教学理论的倡导者巴班斯基把学生的情绪状态作为保证教学过程最优化的条件之一来对待。他认为：“在良好的气氛下，学生的学习活动就会特别有成果，就会达到可能的最优效果。”因此，提高课堂教学效果，使学生获得持续稳定的学习积极性、浓厚的练习兴趣，从而保证每次练习都富有成效。

一是以教师饱满的热情，准确、优美、轻松的示范，提高学生的学习兴趣，增强学生学习和掌握动作的信心。

二是在课堂教学中，教师运用眼神、表情和手势等来表现教学内容中的情感因素，提高言语的生动性，感染和陶冶学生的情感，激起学生对授课内容的兴趣，提高学生对教学内容的思想感情的理解，引发学生的学习兴趣，让学生在学习中获得兴趣情绪的体验。教学中，教师对做得好的学生用眼神、表情和手势给予肯定，激发学生积极向上的情感，促使其形成良好的学习态度；对一时未能掌握技术动作的学生，教师用热情期待的目光示意，增强学生克服困难的信心，激发其练习的欲望。

三是通过富有启发性的提问，促使学生积极思考，激发学生的学习积极性，提高其练习的兴趣。

2. 创设良好的学习情境

在教学中有时往往难以使学生的情绪持续高涨，而影响教学效果。在体育教学中创设良好的学习情境，关键在于教师在课堂教学中能否挖掘教材潜在的趣味因素进行情境设计，提高学生的学习兴趣。

一是通过教师富有情感的讲解使学生获得真切、动人的感受，并产生相应的情绪体验，调动学生的情感，形成最佳的心理状态。

二是通过给学生创设“快乐-兴趣”的学习情境，使其产生积极的心理体验，获得愉快、兴奋、满意的情感，并对体育课产生兴趣。如篮球教学中的侧身跑、变速跑、变向跑、后退跑的练习，相对比较枯燥，学生练习的积极性不高。因此在教学中，我们可通过采用带有趣味性、竞赛性的游戏和穿插形式多样的比赛等教学手段激发学生对练习的兴趣，使学生在生动有趣的情境中掌握技术、完成练习，这不但提高了教学效果，而且使学生始终保持较高的兴趣水平。

三是用语言描述情境，增强学习的效果。如在投掷标枪的教学中，我们通过运用力学原理描述子弹的运动，启发学生的思维，使学生形象化地感知到运动技术的速度、弧度、角、用力方向、用力特点。从而，不但使学生尽快掌握动作，而且激发了学生的锻炼热情，并提高了练习的质量。

（三）教学评价

教学评价主要通过观察评价学生情绪状况，来有效地培养学生良好的学习态度和调动其学习的积极性，促进有效教学目标形成。

案例四　体育教学目标设置策略

（一）期望目标与行为目标相结合的策略

期望目标是期望学生达到的预期结果，一般由三个要素构成：一是使学生掌握一定知识技能；二是使学生智力、体力得到发展；三是使学生形成良好的思想品德和个性品质。

可见，在《学校体育工作条例》和体育教学大纲中出现的是体育教学的期望目标，是学校体育应当完成的任务，是学生通过在校期间的体育学习希望达到的目标。这类目标是宏观的、抽象的、理想化的，在具体教学中难以操作。行为目标（也称作业目标），是指用可观察可测量的行为陈述的目标。行为目标也包括三个要素：一是说明通过教学后，学生能做什么；二是规定学生行为产生的条件；三是规定符合要求的作业标准。

行为目标强调学习之后的行为变化和变化的条件，是可操作的。

期望目标调控着行为目标，期望目标是通过行为目标的逐一完成和积累来实现的。期望目标和行为目标在体育教学中都需要，关键是如何把期望目标转化为每节课的行为目标。这是提高体育教学质量，减少目标制定空洞、盲目的重要途径。例如，通过体育教学提高学生的快速奔跑能力，这是期望目标。行为目标是掌握并解释长跑、短跑、障碍跑、接力跑的技术和原理，这些运动的具体时间要求、具体手段方法（包括快速起动、不同方向变速跑、曲直线跑、持物跑）等是行为目标。因此，体育教师在制定目标时，把期望目标作为指导思想，把行为目标作为实践的行为，正确把握期望目标和行为目标的层次与行为目标之间的层次是我们制定目标的工作重点。

（二）长期目标与短期目标相结合的策略

美国心理学家 Hogue（1980）和 Gree（1980）研究认为：长期目标应同短期目标相结合。所设定的目标不应直接指向终极目标，相反，长期目标应该分解成短期的子目标，当子目标一一实现后，就自然加大了实现长期目标的可能性。短期目标与长期目标相结合有其合理性，因为短期目标容易使学生形成积极期望，单独使用长期目标会破坏活动的乐趣。在体育教学中，教师应引导学生把长期的奋斗目标分解成一个个小的子目标，通过子目标的实现而完成长期目标。例如，在篮球教学中，如果设定学期投篮命中率达到50%的终极目标，许多学生一看到这目标便知难而退，挫伤积极性和自信心。

因此，教师应帮助学生把这一终极目标分解成阶段性的不同组别的子目标，其中最低目标根据学生的个人能力而定。子目标可定为目标一 5%、目标二 10%，目标三 20%、目标四 30%、目标五 40%的成功率，从而达到终极目标。每一个子目标的实现都可使学生感受到相对轻松愉快，看到自己的努力与成绩进步的因果关系，产生不断克服困难达到下一子目标的欲望和动机，从而提高学习的积极性和主动性。

（三）挑战目标和现实目标相结合的策略

一个好的目标应该既有一定的难度，又是可以实现的。目标设置应定位在学生通过最大努力方能达到的位置上。这种目标对学生才具有吸引力，可提高学生的动机水平。如果目标太低，太容易完成，学生体验不到挑战性，无法激发动力。如果目标太高，又无法实现，会使学生产生挫折感，怀疑自己，放弃努力，降低动机水平。这就要求教师既要掌握青少年身心发展的规律，同时还要了解每个学生的实际能力和其对能力的自我知觉。因为面对目标，按学生的实际能力应该能够达到，但学生自己认为达不到，那么这个目标对他来说可能是不适当的。因此，在学生对自我运动能力还没有充分感知时，为了保证目标既有挑战性又不太难，可将学生最近的能力水平作为目标制定的参考，并及时根据情况修正目标，使学生总是处在一个挑战与现实目标的过程中。

案例五 运动竞赛激励策略

运动竞赛激励是指通过组织学生比赛进行运动技能学习和练习的一种课堂体育教学策略。竞赛往往是实战性的，在竞赛中能够检验出学生对所学的体育技能的掌握情况，对学生的心里、智力、体能、技术动作有很高的要求。因而，运动竞赛在体育教学中是一个很重要的教学激励策略。

在体育教学中运用运动竞赛激励策略可以最大限度地集中学生注意力，充分调动学生的学习积极性；有利于激发学生的学习动机，加快学生技术技能的掌握、巩固和提高；有利于培养学生的公平竞争意识，加强学生组织纪律性以及勇敢顽强的拼搏精神。

（一）比赛内容、形式和时机的选择

比赛内容的选择应紧密结合教学内容，如果选用的比赛练习和教材内容脱节，就失去了比赛用于教学的意义。应符合学生的身体状况和体育知识技能水平，以学生懂得做的游戏和练习来安排和组织比赛，一般在学生掌握技术动作之后运用较为恰当。反之，如在学生尚未掌握某项技术动作时组织竞赛，尚未巩固的技术动作有可能遭到破坏，而且比赛失败容易造成其灰心失落，失去信心，从而产生消极的情绪，不利于下一阶段的学习。但是，在枯燥、单调的教学内容和身体素质练习中可多安排，以提高学生的学习兴趣，改善教学效果。

（二）比赛规则的制定与执行

要想让比赛能顺利开展并圆满结束，必须制定出相应规则，比赛规则是制约一些不文明行为的发生，为运动员充分发挥运动技能、对运动员进行身体保护，保证比赛公平公正进行的必要条件。比赛规则不是一成不变的，而是具有变通性的，在学生技能不太熟练时，可以通过对规则的改变、攻守双方实力调整等方法使比赛能更好地为教学服务。

（三）根据学生具体情况合理分组

为了检验体育教学质量，通常会组织一些比赛，为了达到比赛效果，需要教

师根据学生的身体条件、性别、体育技能的掌握情况进行合理的分组，使分组实力相近。合理的分组比赛能够增添课堂气氛，促进学生对体育兴趣的培养，增加学生学习体育的积极性，达到预想的体育教学效果。

（四）合理控制运动量

在比赛中学生往往比较兴奋，情绪高涨，为了取胜就会最大限度地发挥机体的各种能力，即使当身体已经疲劳时还勉强参加竞赛。这样不仅得不到良好的锻炼，还会造成超负荷运动，甚至导致伤害事故的发生。因此，在教学过程中安排比赛应结合学生当时的身体疲劳情况，合理控制运动量。如果学生只是轻度疲劳，可安排一些运动量较小的精彩活动，其效果会更好。

（五）利用比赛加强思想教育

在体育比赛中，对学生灌输友谊第一，比赛第二的思想，使学生认识到比赛的目的是什么，为了得到什么而进行比赛。在比赛前，教师要向学生讲解比赛规则、比赛纪律，对团体性比赛项目需要求学生发挥团体力量，杜绝个人自私行为。在比赛不利的情况下，要求学生相互鼓励，调整心态，以积极的态度对待比赛。

（六）加强安全教育

在对抗性项目中，不可避免地会发生身体接触，可能导致受伤。因此，除应对学生进行安全教育外，还要修整比赛场地、检修体育器材，以免发生伤害事故。此外，教师要注意调控学生的心理，使其情绪状态符合比赛的需要，以免因过度兴奋而导致体力消耗过大，并进而诱发意外伤害事故的发生。

（七）竞赛法不可频繁运用

如果竞赛法使用频繁，一是容易减弱比赛对学生的刺激程度，使学生对参与比赛的兴趣和积极性大大降低；二是容易造成学生间的不团结，故而运用时应慎之又慎，并注意做好学生的赛后思想工作。

案例六　适应性教学策略

适应性教学（adaptive teaching or adaptive instruction）策略是指教师在教学中使教学内容、方法、活动等适应教学情境（特别是学生、课程等）的措施。通俗一点说，适应性教学即因材施教的教学。亨特（hunt，1981）断言："教学适应学生是教学过程的核心。"教学是复杂的人与人之间的相互作用，有效教学需要教师表现出适应性教学行为，在教学中具有高度的灵活性，因此研究有效教学不能不探讨适应性教学的策略①。

（一）要切合学生的学习兴趣、需要、能力和特点

适应性教学要求教师要深入了解自己的学生即教学对象，在教学中要顾及学生的兴趣、需要、能力及其特点，努力使教学切合学生的实际。在教学目标、教学内容、教学方法和教学组织方式上适应学生的需求。

（二）教学的灵活性

教学是人与人之间的复杂的人际互动，各个环节都要注重灵活性，在适宜课堂环境的创设、教学目标的设定、教学内容和教学方法的选择等各方面都要做到既充分准备又灵活应变。

（三）根据学生的实际情况，调整体育教学的进度

适宜的教学速度既可以调动学生体育学习的积极性，又不会使学生感到体育学习是饱受挫折或是轻松无比的一件事，这是进行有效教学的必然要求。

案例七　管理课堂策略

管理课堂策略是指为顺利开展体育课堂教学活动而进行的一系列的行为，如计划、组织、监督和控制等。课堂教学的主要任务就是促进学习，但是如果没有一个良好的课堂环境，学生有效地进行学习几乎是不可能的，因此教师要掌握管理课堂的策略，包括建立课堂规则和程序、组织小组、监控课堂事件、对不当行

---

① 姚利民．有效教学研究［D］．华东师范大学，2004.

为做出处理等。

（一）建立学生主人翁意识，使其肩负起遵守纪律、参与学习的责任

按照人本主义的教育思想，如果教师无条件地尊重学生、与学生交流了解其需要与情感等，学生与教师建立起融洽的关系，学生就会自觉肩负起遵守纪律，参与学习的责任。在体育课堂教学中，教师应该建立学生的主人翁意识，使其意识到我们是一个集体，我们是一个家，我们自己就是它的主人，这样学生就会主动遵守纪律，努力学习。

（二）制定规则，维持秩序

光靠学生的自觉性是不够的，在管理体育课堂中还要制定规则，维持秩序。注意事项有：一是告诉学生课堂规则的重要性，二是与学生共同制定课堂规则，三是制定适当的课堂规则，四是告诉并让学生理解课堂规则，五是执行课堂规则。

（三）发现和处理分心行为和问题行为

在执行管理课堂策略时要注意：一是教师要定期巡视、监察自己的班级，第一时间知道课堂里面发生的事；二是发现异常行为，判断其性质，及时准确地处理。

案例八　创设适宜课堂环境策略

教学是在一定的课堂中进行的，课堂是教师与学生结合在一起共同活动的群体，教师与学生活动的方式、特征等构成了课堂环境和气氛。课堂环境包括课堂心理环境和课堂物理环境。前者是指教师和学生共同创造的心情、情感和氛围等，后者是指如教师的座位安排、室内布置、灯光等。课堂环境通过影响教学的进行来影响教学的效果。因此，教师应该掌握和运用创建适宜课堂环境的策略，为有效教学服务。

（一）创建有秩序的课堂环境

创建有秩序的课堂环境需要做到：第一，让学生专注于学习。这样当他们专注于学习，感到愉悦和获得成功时，他们就不会表现出破坏课堂秩序的问题行为。第二，准备充足，有条不紊地进行体育课堂教学。教学活动组织安排得不合理，甚至混乱，必然导致课堂的混乱和无序，只有教师准备充足，课堂教学才能有条不紊地进行。第三，加强课堂管理。将课堂管理井然有序，避免混乱的产生。

（二）创建愉悦的课堂环境

创建愉悦的课堂环境需要做到：第一，帮助学生在课堂上显示自己的能力，使学生获得成就感；第二，让学生因得到积极强化而愉悦；第三，让学生因得到成功而愉悦。

（三）创建师生关系融洽的课堂教学环境

创建师生关系融洽的课堂教学环境需要做到：第一，理解学生；第二，民主平等，尊重学生；第三，信任学生；第四，关爱学生；第五，与学生交流。

（四）创建合作的课堂教学环境

创建合作的课堂教学环境需要做到：第一，提高学生对合作重要性的认识；第二，给学生合作的机会；第三，认可、强化学生通过合作所取得的成就；第四，教会学生合作的技能，如倾听、交流、观点分享、建立团队和协调分歧等。

案例九 激发动机策略

动机分为内部动机和外部动机，相对外部动机而言，内部动机更能使个体对目标的追求维持更长的时间。为调动学生参与体育活动的积极性，激发学生学习体育的兴趣，应探讨在体育教学过程中激发学生学习动机的策略。

（一）提出挑战性要求

挑战性的要求是指既使学生感到有一定难度，又是学生通过努力可以达到的要求。因此这就要求教师要向学生提出难度适当的问题，激发学生学习的动机，调动他们学习的积极性。教师的教学要集中在学生的最近发展区。通过有效的授课、指导和反馈，帮助学生达到挑战性的教学要求，完成难度适当的教学任务，使学生成功，从而强化他们的动机。

（二）让学生体验到成就感

让学生体验到成就感就需要教师做到：第一，培养和提高学生的自我效能感；第二，培养学生的成就动机；第三，满足学生自我实现的需要；第四，创造学生获得成功的机会；第五，教学生取得成功的方法；第六，期望、鼓励和欣赏学生的成功。

（三）学生获得成功时，作出反馈，给予奖励

当学生取得成功时，教师应及时给予奖励，鼓励学生，让学生体会到没有不劳而获的喜悦，这样更能增强学生学习的动机。在奖励学生时需要注意以下几点：一是奖励范围要广。奖励必须面向全体学生，而不是少数学生享有的特权。二是奖励要公平。在具体操作中，必须要保证每个学生有平等的获得奖励的机会。三是奖励方式要多样化。机械、单一、没有变化的奖励会逐渐丧失其激发学习动机的功能。四是将外部奖励和内部奖励结合起来，更加注重内部奖励。

案例十　两组实践案例及比较

（一）第一组案例：技巧游戏类课程

1. 美国的教学策略及思想

活动内容：体操和游泳教师实施策略。

教师在课前写下与各学习领域有关的学习效果，如：①在体操练习中学生能够理解从道德上他们有义务为别人的安全负责；②学生能够认识到游泳可以提高生活质量；③作为小组长的学生在作决定的时候能够考虑到其他人的需要；④大多数学生应该掌握的教学内容是什么；⑤一些学生没有达到某一特定水平，但是

通过努力可以达到；⑥是否可以促使少数学生超过某一特定水平；⑦为了达到这些教学效果应该采用什么教法和学习策略。

在课程结束时，教师将反思自己在多大程度上帮助学生达到了预期的学习效果，如：①多大程度上达到预期效果？②促进学生在这一领域的学习有多大困难？③学生对你的教学作出什么反应？④下一次课应有何改进？⑤运用这些资料为下一次课制订计划。

实施策略思想：这节课设计的重点是使学生拓宽学习领域。为了切实促进学生在道德、运动知识、社会交往、个人发展和社会发展等领域的学习，教师在课前明确了不同学习领域所要达到的效果，而且每个学习领域的目标都很明确、具体；并针对不同层次的学生进行设计，使每个层次的学生都有明确的预定领域目标。在此基础上，教师考虑需要采取的教学方法和学生学习策略。在课后反思中，教师突出了预期效果的实现程度，学生学习的实际效果，学生对教师教学的反馈情况及改进措施。

2. 中国的教学策略及思想

活动内容：技巧组合动作和游戏。

教师实施策略：教师在课前明确写下本次课将要达到的教学效果。

教师课前列出学生通过此次课的学习后预期可能获得的各种能力：①学生掌握一套技巧组合动作，并能够自主创编和完成技巧组合动作；②学会自我保护的方法，增强自我保护意识；③在技巧练习中，学生身体的灵活性、柔韧性和协调性得到发展；④培养学生勇敢顽强的意志品质及团结合作、勇于创新的精神和大胆实践的能力；⑤在游戏中，增强学生的竞争意识和自我展示意识。

实施策略思想：教师针对教材内容，在运动技能、心理健康和社会适应三个学习领域，分别设计了能够促进学生提高学习能力的教学策略，并展示学生在课堂中的实际学习效果。教师设计和选择教法与学法的最终目的是培养与提高学生相应领域的学习能力。

3. 案例比较结论

（1）相同之处

在以上两个体育教学案例中，中美两国的体育教师在培养学生不同领域学习能力的做法上存在明显的相同之处：都重视促进学生获得道德领域的学习能力；都采取相应策略培养学生健康领域与生活领域的学习能力。在运用教学策略时，中美体育教师都会针对教材和实际效果考虑选择和运用适当的教法与学法。

（2）不同之处

第一，为促进学生不同领域的学习，中国教师侧重学生整体学习能力的培养提高，美国教师则对不同学生有不同的分析与期待，并针对学生的不同层次与水平采取不同的教学策略。

第二，在道德领域和社会交往领域，美国教师根据教材内容，期望学生获得的领域学习能力小且具体，其他人容易观察评判学生的学习效果。在相同的学习领域，中国教师教学策略则注重学生“大”的方面学习能力的获得，不能具体、明确地从外在行为上分析评价学生不同领域学习能力的习得情况。

第三，在制定教学策略时，美国教师更倾向于教材与现实生活紧密联系。他们会采用一定策略使学生明白这个教材会对他们本人生活提供帮助，将有助于提高个人生活质量，或者让学生体会到他们应该承担的责任。中国教师除了采用相应策略充分挖掘和培养学生运动技能领域学习能力外，还发挥教材的教育功能，强化学生道德领域的学习。

（二）第二组案例：舞蹈类课程

1. 美国的教学策略及思想

活动内容：学习毛利族舞蹈教师实施策略：为拓宽学生学习领域开发有效的教学策略。

学习效果：学生理解毛利舞的文化背景。

课程领域：文化培养。

教学策略：①学生观看毛利舞蹈录像的完整内容，教师指出舞蹈各个方面的象征意义；②教师领跳代表毛利舞蹈风格的片段；③学生按照毛利舞蹈的风格设计一段舞蹈；④学生解释他们所跳舞蹈片段的象征意义。

在确定“提高多层次、多领域学习能力”的目标以后，教师所面临的任务是明确学习毛利舞蹈的教学重点，并制定一系列有效的教学策略，使学生能够实现这些目标。

策略实施过程主要具有以下两个重要特征：第一，教师向学生讲明白他们将要进行的活动会促进自己更多层次学习领域的学习。例如，公平竞争方面的教育。在社会和道德学习领域，如果体育教师的目标是教会学生尊重裁判的判罚，那么教学中的比赛可以由学生自己组织裁判。在此，为了使学生理解教师的教学目标，体育教师要向学生讲明由学生自己裁判比赛的作用，即学生可以通过亲自参与裁决更好地理解比赛中的公平竞争和裁判判罚的重要性。第二，体育课的其余部分必须包括调查、讨论和练习等教学内容。这些内容能够直接促进学生在更多层次学习领域内进行具体领域的学习。

比如，如果体育教师的目标是为了提高学生的社交技巧，让他们讨论组织结构的概念，并要求他们在集体舞中进行合作，那么学生将会得到组织在社交场合下进行有效合作的反馈，而且反馈是专门针对具体的社交技巧，而不是针对组织结构的概念。

策略思想描述：为了使学生理解毛利舞蹈的文化背景，体育教师首先要仔细研究将要进行的教学单元，找出教材内容对促进学生多领域学习有哪些具体的帮助，然后进一步确定与具体教学内容相关的多领域学习的效果。在确定可能达到的学习效果的基础上，美国体育教师努力创设了一些教与学的活动来实现这些教学效果。其所采取的教学策略可能同时实现多层次的教学效果。如作为领导者的教育（个人发展教育）和为别人着想的教育（道德培养）可能会在同一个教学活动中得以实现。

2. 中国的教学策略及思想

活动内容：学习街舞。

教师实施策略：以运动技能领域的学习为主，开发多领域学习的教学策略。

学习效果：①了解街舞的常识，掌握全套街舞动作，增强音乐的节奏感；②强健体魄，发展学生身体的柔韧性、灵活性和全身协调能力；③使学生对街舞产生兴趣；④培养学生观察、思考和逻辑分析的能力；⑤促进学生身心发展，增强自信，在交往中互帮互助，有意识地与他人合作。

课程领域：运动技能领域、身体健康领域、运动参与领域、心理健康领域、社会适应领域。

教学策略：①观看教学课件，了解街舞特色；②教师领做街舞动作；③小组练习并展示，选出最佳；④通过教学比赛，进行展示与评价。

策略思想描述：为了让学生了解街舞文化特色，更好地领悟街舞技术特点，体育教师让学生观看课件和街舞展示。这种教学策略调动了学生学习街舞的热情，激发了学生们运动参与的欲望。借助小组合作练习街舞动作的学习方法，不仅使学生在交流与合作之中仔细观察、分析动作，纠正与改进动作，还同时学会了互相学习与帮助，促进了学生在心理健康领域与社会适应领域学习能力的提高。其中街舞教学的比赛与评价是以掌握与完成街舞动作的水平为标准，体现了体育教师以运动技能为主的教学策略。

3. 案例比较结论

（1）相同点

第一，面对相同的教学内容，中美体育教师都积极运用教学策略努力开发学生在多个领域的学习。

第二，在教学方法和学生运用学习方法方面，体育教师首先让学生了解舞蹈的风格与特色，让学生建立形象完整的运动技能概念，然后是学生对舞蹈的理解与学习成果展示。

（2）不同点

第一，在课前，中美体育教师在考虑多个领域学习效果时，存在明显不同：美国体育教师课前考虑更多的是使学生理解毛利舞的文化背景，好像显得“少”而“偏”；中国体育教师的期望则相对“多”而“全”。中国体育教师通过体育课所期望学生产生的学习效果涉及运动技能、身体健康、文化领域（音乐）、认知能力、人际交往等多重效果。

第二，在促进学生不同领域学习能力的获得与提高方面，美国教师采取的策略比较具有针对性，也就是针对不同的领域采取不同的教学策略；中国的体育教师采取的策略比较笼统，针对性不强。

第三，中美两国体育教师在舞蹈教材的学习效果方面采取的教学策略有很大差异：美国体育教师侧重于学生对教材的理解、领悟与灵活运用；中国体育教师则侧重于学生对所学教材技能的掌握。

◎ 讨论与思考：

1. 如何理解体育教学策略？
2. 体育教学策略的结构是怎样的？
3. 体育教学策略有何特点？
4. 结合教学实践，分析体育教学策略如何运用。

第三章　体育教学规律

☞ 引言

规律是客观存在于事物发展过程中的本质属性和必然联系，它是事物发展过程中本身所固有的、不以人的意志为转移的客观必然。体育教学过程作为一种以体育课程内容为中介、以促进学生体育素养发展为根本目的的师生互动活动，也存在其客观的规律。在进行体育教学时必须认清和遵循这些客观规律，以此推动体育教学过程的目标的实现。本章归纳了体育教学过程中出现的规律，提出了体育教学过程中客观存在的几大规律，即运动技能形成的规律、运动负荷变化与控制的规律、体育知识学习与运动认知的规律、体育学习集体形成与变化的规律、体验运动乐趣的规律等。

☞ 学习目标

通过本章的学习，使学生了解体育教学过程的层次及其特点，理解体育教学规律的含义，掌握体育教学过程的基本规律，运用教学规律使体育教学过程最优化。

第一节　体育教学过程的概念与性质

一、体育教学过程的概念

体育教学过程是为实现体育教学目标而设计与实施的，使学生掌握体育知识和运动技能、接受道德和体育行为教育的教学程序。这个程序具有学段、学年、学期、单元和课时等不同的时间概念。它是一种有目标、有计划、有组织、有不同时间概念的双边活动过程。

二、体育教学过程的性质

（一）体育教学过程是学生掌握运动技能的过程

体育教学过程是学生掌握运动技能的过程。知识类学科的教学过程主要是使学生识记概念以及运用判断、推理等思维方式去掌握科学知识并发展智力，而体育学科则是使学生在不断的身体练习中去掌握运动技能，并通过掌握运动技能进行其他方面的养成教育，因此我们要把体育教学过程理解成为一个学生掌握运动技能的过程。

（二）体育教学过程是提高运动素质的过程

掌握运动技能需要提高运动素质，同时也能有效地提高大肌肉群的运动素质，运动技能和提高运动素质是相互促进的关系。因此，体育教学过程也是一个不断提高学生运动素质并以此增强学生体能的过程。在体育教学过程中，不仅要注重学生对运动技能的掌握，而且要关注学生运动素质的提高，要在设计教学、安排进度和选编内容等方面将二者有机地协调起来。

（三）体育教学过程是学习知识和形成运动认知的过程

体育是涉及人文学科和自然学科的一门综合性课程，在以掌握运动技能为主的体育教学过程中，学生也会涉及许多知识的学习和运动认知的获得，有时，这也是掌握运动技能和提高运动素质的基础。因此，体育教学过程也必然是一个掌握体育知识和运动认知的过程。

（四）体育教学过程是集体学习和集体思考的过程

“集体学习”和“小集体学习”是体育教学的主要教学形式，这是由于大多数体育运动项目是在集体和小集体形式下完成的，因此体育技能的习得也需要在集体学习和集体思考的过程中完成。与此同时，当前的体育教学目标也越来越指向集体学习，以期获得集体教育的潜性作用。体育教学中的集体学习和集体思考也是加强师生、生生间的互动和沟通，以及培养学生的社会交往和社会适应能力的途径。因此，我们也要把体育教学理解成为一个学生集体学习和集体思考的过程。

（五）体育教学过程是体验运动乐趣的过程

学生学习体育的过程是一个在生理上伴随着苦、累、汗，甚至伤痛的过程，是身体经受生物学改造的过程，但同时也是一个在身体和心理方面体验运动固有乐趣的过程。这种乐趣是体育运动生命力的体现，也是体育教学的学习目标与内容，更是培养学生体育参与意识的途径和手段，是终身体育的重要基础。因此，我们还要把体育教学过程理解成为一个学生体验运动乐趣的过程。

三、体育教学过程的特征

教学过程的特征是体育教学过程本质的具体体现，研究体育教学过程的特征，有利于加深对体育教学过程本质的理解，并可为揭示体育教学过程规律提供依据。一般认为，体育教学过程具有以下特点：

（一）运动实践性

体育教学过程是教师指导学生进行运动实践活动的过程，运动实践性就成为体育教学过程的一个重要特点，具体表现在：实践目的具有特殊性，即为了使学生掌握体育知识、技术技能，培养运动能力；实践环境具有特殊性，即在富有开放性的特定环境中，在教师的组织指导下，根据体育教学目标的要求而有计划、有步骤地进行；实践方式具有特殊性，即体育教学过程总是与学生的身体活动相伴随，通过感知、模仿、练习促进学生身心和谐发展。

（二）社会交往性

体育教学过程是教师的教和学生的学双边活动的过程，学生要从事各种身体练习和活动，既需要教师的指导、帮助，又需要学生之间的相互合作、相互帮助、相互评价，客观上要求进行多方面的交往。如果说，在其他学科的教学中主要是师生交往，而在体育教学过程中学生之间的交往则占有相当高的地位。因此，体育教学过程中的人际关系也称之为“课堂小社会”，即社会的浓缩体。体育教学过程中的人际关系交往是社会性和生活性的体现，交往可以分为教师与学生、学生与学生、学生与集体等方面的交往，在这个交往的基础上，体育教学才得以展开。

（三）过程动态性

体育教学过程在其动力机制的作用下维持着自身的发展，它是一个从教学目标为起点到教学评价为终点的过程。在体育教学过程中其动态性表现在两个方面，其一，组成体育教学过程的因素是相互联系、相互作用的，并不是由一系列有时间顺序的、相互区别的、固定不变的教学阶段组成的，而是处于一种不断变化却有规律可循的运动过程；其二，体育教学内容主要是以经过选择的身体练习为主，教学过程是以运动实践为主，促进学生身心发展的过程。因此在体育教学过程中要以动态发展的观点来分析和解决教学中出现的问题。

（四）组织复杂性

体育教学是与学生的身心发展的基础水平直接联系的，而学生的身心发展的基础水平又客观地存在着个别差异，在体育教学过程中不仅要考虑男女学生性别上的差异，还要考虑到不同学生的个体差异，要采取不同的组织形式和方法区别对待，以适应和满足学生的需要。体育教学过程中，学生多处在不断变化、多种形式的运动中，加之教学易受气候和周围环境的干扰，因而教学中的组织管理工作相当复杂，要精心设计、认真组织，故组织形式、教学步骤、教学手段具有较多的应变性。从某种意义上说，良好的教学组织工作与措施是达到体育教学目标的根本保证。

（五）运动负荷适宜性

体育教学过程中由于学生从事各种身体练习，身体各器官系统（尤其是神经系统、运动系统、心血管系统、呼吸系统等）会积极参与活动，提高有机体的机能活动能力，所以学生身体要承受适宜的生理负荷，并因此而产生身体疲劳，加速机体的新陈代谢活动。这一点也正是学生在体育教学中能促进身体发展，增进健康的生物学依据，即只有使机体适应一定生理心理负荷的刺激过程，不断地经过适度的超量负荷锻炼，才能有效地发展身体。

为了更充分地反映体育教学过程的特征，并使其主次分明，可用图 3-1 表示。

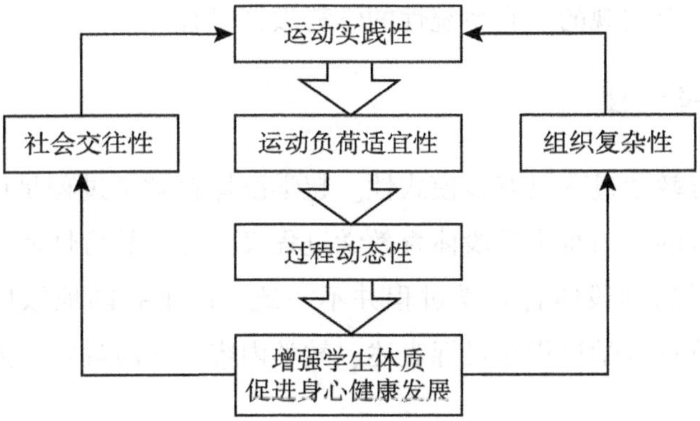

图 3-1　体育教学过程的特征

第二节　体育教学过程的层次及其特点

为了更好地理解体育教学过程的概念，掌握体育教学过程的特点，我们还要更进一步地认识体育教学过程的层次及其特点。体育教学过程的层次可以分为：①超学段体育教学过程；②学段体育教学过程；③学年体育教学过程；④学期体育教学过程；⑤单元体育教学过程；⑥学时体育教学过程；⑦技术学习点教学过程。

一、超学段（12~16 年）体育教学过程及其特点

超学段体育教学过程是指学生从小学到大学的整个体育教学的过程。在这 10 多年的体育教学过程中，学生所享受到的是国家规定的体育教育。超学段体育教学过程具有以下一些特点：

（一）国家规定性

超学段体育教学过程受到国家教育意志、社会、政治、经济发展状况和生产力发展水平等多方面的直接影响。由国家安排的超学段体育教学过程可长可短，由 12 年至 16 年。超学段体育教学过程是由国家控制的，体现的是国家教育课程设计思想和国家对体育教育的期待，其过程的目的和目标充分地反映了国家的意志和要求，是一个宏观的、有系统性的学科教育过程。

（二）多模式性

超学段体育教学过程具有多模式性。超学段体育教学过程是由若干个学段体育教学过程组成的，而每个学段体育教学过程又受各段教育性质的影响而时间长短不一，这使得超学段体育教学过程并不一致。由于我国地域广、民族差异明显，使超学段体育教学过程在目标表述、教学内容、学时规定以及教学特点上均具有多模式性。

（三）非全体性

超学段体育教学过程包含基础教育、中等教育和高等教育三个阶段，由于教育普及程度的问题，并不是每个学生都能享受到上述完整三个阶段的体育教学过程。因此它对学生来说具有非全体性的特点。

二、学段（3~6 年）体育教学过程及其特点

学段体育教学过程，按当前中国教育的学制进行划分，可以分为小学、初中、高中、大学等体育教学过程；按目前《体育与健康课程标准》的划分，可分为水平一（相当于小学 1~2 年级）、水平二（相当于小学 3~4 年级）、水平三（相当于小学 5~6 年级）、水平四（相当于初中阶段）、水平五和水平六（相当于高中阶段）。学段体育教学过程表现为某个学段的《课程方案》或《学段教学计划》。它的特点主要有：

（一）发展阶段性

学段体育教学过程划分的主要依据是学生的身心发育规律，如初中生处于青

春发育期，成长发育迅速，体型剧变，身体机能正在迅速健全，性开始发育成熟；随着生理的逐步发育成长，初中生的心理也发生了较大的变化，感知能力和观察能力明显提高，记忆力处于高峰期，具体形象思维向抽象逻辑思维过渡，想象能力明显提高等，因此初中学段体育教学过程就要体现初中生上述生长发育的特点，这就是发展阶段性。

（二）相互衔接性

学段体育教学过程与超学段体育教学过程相比，是进一步的细化，它是把超学段的相对多样的、宏观性的国家体育课程目标、内容和要求进一步进行分解和细化，合理地分配于几个相互连续和相互衔接的学段中，并使之有机地结合，学段的体育教学过程主要是由国家来规定原则，由各级学校具体设计的。

三、学年体育教学过程及其特点

学年体育教学过程是指根据学校的体育教学情况，针对学生的特点，把学段体育教学标准和方案的内容、任务、要求等具体地分配到学年中，使之相互衔接，并付诸实施的过程。它是一种客观的体育教学过程，此过程一般由各级各类学校的体育部门来掌控，主要表现为学校的《学年教学计划》。学年体育教学过程的主要特点有：

（一）系统性

学年体育教学过程要完成学段体育教学的要求和目标，而学段的教学目标如何分解，教学内容如何排列，教学时数如何分配，学年与学年又如何衔接等均是学年体育教学过程要着重解决的问题。因此，学年体育教学过程不仅要注意学段中各学年体育教学过程的关系，还要注意学年内两个学期间体育教学过程的关系，因此其系统性比较强。

（二）周期性

学年体育教学过程的计划和安排要考虑体育教学内容的周期性，另外，也要考虑在全年32~36周的体育教学过程中安排什么教材，安排在哪个学期，出现几次，教学内容之间的相互关系等。

（三）承启性

学年体育教学过程具有明显的承上启下性，它是超学段体育教学过程、学段体育教学过程和学期体育教学过程的连接点，对上具有体现作用，对下具有指导作用，是宏观过程转向微观过程的中介环节。学年体育教学过程也是超学段、学段体育教学过程的具体化，它实施的好坏会直接影响到体育教学质量的好坏。

四、学期体育教学过程及其特点

学期体育教学过程是根据教师、场地、教材、气候等条件，把学年体育教学过程的内容、要求和任务分配到两个学期的各个教学周中去。此教学过程一般由各级各类学校体育教师和体育教研室来掌控，表现为体育教研组的《学期教学计划》，其主要特点是：

（一）季节性

学期体育教学过程的设计，要根据季节变化和当地的气候特点，把学年教学过程中所选择的教材合理安排到学期中去，使体育教学与季节相一致。如在夏季进行游泳、双杠、单杠的教学，而在冬季则可进行中长跑、滑冰以及室内运动的教学。

（二）集散性

学年体育教学的内容确定后，就要根据学生的素质、教材的难易程度以及气候的变化等因素，把体育教学内容分配到学期的各周中去，这样就涉及教学内容的排列（集中与分散）。有的内容要集中起来学习，有的内容则可能要在两个学期中进行间歇性的学习。

五、单元（1～36周）体育教学过程及其特点

单元体育教学过程是指教师按照学期体育教学过程的方案，按教学内容的学理性，安排一些单元，进行课时分配并实施教学的过程。单元是体育教学过程的

基本单位，是由若干课时组成的“教学板块”。单元体育教学过程在体育教学中具有最重要的意义，它表现为体育教师的《单元教学计划》，它的主要特点有：

（一）规模变化性

单元体育教学过程有大有小，有长有短，而单元体育教学过程的长短和大小实质上决定了教学的容量和质量。单元的大小因教学目标、教材难度、学生水平、场地设施、教师水平的差异而不同，一般情况下，技术性不太强，教材难度不大的单元体育教学过程可小一些，如游戏、走跑等，低年级的单元体育教学过程也应该小一些，而高年级随着教材的复杂程度和难度的增大，单元体育教学过程则会大一些。

（二）学理性

单元体育教学过程具有较强的学理性，安排和设计主要应根据学生的学习原理，突出教学目标和任务的要求。同一教学目标可设计出不同的教学单元结构，同是篮球项目的教学，可以设计先分解教学再到整体教学的单元结构，也可先整体教学再到分解教学最后到整体教学的单元结构。而后者往往比前者在设计上要科学和先进，也就会避免我们经常能看到的“学生会篮球基本技术但不会打球”的现象，对比两种不同单元设计，更可清晰地发现设计的问题所在。

六、学时（45~90 分钟）体育教学过程及其特点

学时体育教学过程是指教师根据单元体育教学过程根据每节课的要求组织实施体育教学的过程，它也是我们通常意义上讲的体育教学过程。根据学段和学校情况的不同，有的学时教学过程为 45 分钟，有的则为 90 分钟。学时体育教学过程实践性较强，它是超学段、学段、学年、学期和单元体育教学过程实现的主要环节。学时体育教学过程的主要特点有：

（一）结构性

学时体育教学过程作为体育教学的主要实践环节具有一定的结构性，这个结构遵循着课堂教学的规律，遵循着学生身体机能活动的规律，遵循着学生认知的

规律。因此在学时体育教学过程中，教师的教学要有一定的结构、层次和逻辑性。如，课堂可按“三段式”结构即开始、基本、结束来展开，也可按导人、学习、活动、结束等结构展开。

（二）行为性

学时体育教学过程与其他阶段的体育教学过程相比，其最大的特点就是行为性。它表现为一种积极的教学实践，无论从学生还是从教师的角度，都是实实在在的行为过程，是在教学时间里发生的教学行为。

（三）方法性

学时体育教学过程作为一种教学行为存在，它非常注重教学过程中方法的应用。方法主要指教法、学法和课堂组织与管理的方法等。这些方法是完成学时体育教学过程目标和任务的关键因素，也是完成学时体育教学内容的轴心。

七、技术学习点（10~30 分钟）教学过程及其特点

技术学习点教学过程是指在学时体育教学过程中，课堂教学的关键和核心部分，也就是课堂教学中的重点和难点部分，时间长短不等，为 10~30 分钟。技术学习点教学过程也具有较强的实践性，它是学时教学过程中的重中之重，主要特点有：

（一）技能形成的基本单位

技术学习点教学过程是课堂教学的重点部分，因为往往课堂教学是围绕这个点展开的，所以在这个点上要格外注意学生技能的形成，在这个技术学习点时间内要突出学生学习的重点、难点和技术的关键，注意学生掌握技能的情况，使教学的其他目标和任务的实现建立在学生技能形成的过程之中，只有学生掌握了技能，才有可能实现其他领域的目标和任务。

（二）身体负荷性

技术学习点教学过程的另一个特点是，要利用学习的重点来增加学生练习的

负荷，在学习的高峰时期，注意力集中时期，增加学生的练习负荷，提高学生的生理承受能力，以达到增强体质、增进健康的目的。

第三节　体育教学过程中的规律

一、体育教学规律的含义

规律是客观存在于事物发展过程中的本质属性和必然联系，它是事物发展过程中本身所固有的、不以人的意志为转移的客观必然。体育教学过程作为一种以体育课程内容为中介、以促进学生体育素养发展为根本目的的师生互动活动，不但存在教学的一般规律，还存在体育课特有的客观规律。体育教学规律是在体育教学过程中客观存在和必然显现的，与体育教学的特殊性有着密切联系的现象及其有规律的变化。

二、教学过程的一般规律

一般教学规律是指教学过程中的普遍规律，有以下几个方面：

（一）教师的教与学生的学辩证统一的规律

教学过程是教师和学生共同活动的过程，是在教师引导下的学生学习过程，既要有教师的主导作用，又要有学生的主动性——主体作用。

在教学过程中，教师是教育者，他们要根据社会的需要和学生的实际，按照国家规定的教学内容向学生传授知识、技术、技能。他们受过专门的训练，有比较丰富的知识。学生要以简捷有效的方法获得科学知识，只有依靠教师有目的、有计划的传授才有可能实现。因此，教师起着主导作用。

在教学过程中，学生是教育的对象，又是学习的主体。学生不是知识的消极接收器，教师也不可能机械地把知识填塞到学生的头脑中去，必须通过学生自己的积极思考和实际活动才能完成学习任务。

因此，教学过程中的教师主导作用和学生主体作用是相互联系、相互制约的。教师的主导作用发挥得如何，主要看学生的学习积极主动性是否被调动起来，只有教师的努力和学生的努力积极配合，协调一致，才能取得较好的效果。

（二）认识事物的规律

教学过程是学生认识世界的一种特殊过程。学生学习掌握知识技术、认识客观世界必然要遵循人类认识过程的普遍规律。从易到难、由简到繁，循序渐进。“从生动的直观到抽象的思维，并从抽象的思维到实践”。在体育教学中，教师要引导学生将感知、思维、实践三个环节紧密结合起来，缺一不可。感知是认识事物的开始，是形成表象的基础；思维是形成理性认识，掌握运动动作的关键；实践是巩固和运用知识，改进提高动作技术，发展身体，增强体质，培养良好思想品德和行为的必要途径。这反映了教学过程中学生认识事物的客观规律。

（三）学生身心发展的规律

体育教学的对象是学生，学生的身心发展具有一定的规律性。在体育教学中制定教学目标，选择教学内容，采用教学组织形式、教学方法和措施等，都必须从不同年龄、不同性别的学生的身心发展特点出发，符合他们的接受能力、体育基础和体质状况，因材施教，才能促进学生身心发展水平的不断提高。

三、体育教学过程的客观规律

（一）运动技能的形成规律

体育教学要让学生学会和掌握一定的运动技能，而运动技能的形成要经历一个由不会到会、由不熟练到熟练、由不巩固到巩固的发展过程。动作技能形成、提高的过程是：①粗略掌握动作阶段，②改进与提高动作阶段，③动作的巩固与运用自如阶段。虽然在体育教学过程中，每次课只有 45 分钟，每周只有间断的 2~3 次课，体育课安排不可能明显地体现和准确地划分出动作技能掌握的这三个阶段，但从一个掌握动作技能的长链结构上看，仍然是要遵循运动技能形成规律的。

1. 粗略掌握动作阶段

粗略掌握动作阶段的特点是大脑皮层兴奋过程扩散，处于泛化阶段，内抑制不够。其运动学特征是，由于对动作缺乏控制力，动作紧张吃力，不协调，多有错误动作和多余动作。因此，在这一阶段，教学的主要任务是帮助学生建立正确的动作表象，了解正确的动作概念。教师应当运用分解练习法，抓住动作的主要环节，在大量的重复练习中建立正确的肌肉感觉。要充分运用直观教学手段，合理运用讲解与示范法，启发学生积极思维，不要急于纠正一般性错误动作。

2. 改进与提高动作阶段

改进与提高动作阶段的特点是大脑皮层兴奋与抑制过程处于逐渐集中，内抑制过程逐步发展，并初步建立起动作定型，能够正确分析与完成动作。表现在错误动作和多余动作逐渐减少，动作的准确性和协调性逐步增加，但仍然不够熟练，错误动作时有发生。这一阶段教学过程是十分漫长的，其主要任务是引导学生对动作结构的正确理解，熟练掌握动作的主要环节，教师可运用正误对比的方法，分析错误动作产生的原因。在普通体育课中应逐渐加大负荷量与强度。

3. 巩固与运用自如阶段

巩固与运用自如阶段的特点是大脑皮层兴奋过程高度集中，内抑制过程相当精确与巩固，并形成稳定的动力定型。这一阶段的动作特点是轻松、自如，动作达到自动化阶段。这一阶段的动作不仅要准确、轻盈、省力，而且要能够表现出优美、娴熟的艺术性，甚至带有一定的个性特点的动作细节。这一阶段的教学、训练的主要任务是根据一定的目标制定有针对性的计划，不断完善动作细节。应当指出的是，在普通体育课的教学中，由于教学时数有限，大部分技能项目的教学很难达到这一阶段。只有在系统的选修课、系统的课余训练中才可能达到动作技能的自动化阶段。

动作技能形成的三个阶段是有机联系的。但由于教材的难易程度、教师的组织教法水平、学生的基础，以及其他有关条件的不同，三个阶段的具体特点和所需的时间，也有所不同。因此，三个阶段的划分是相对的，没有严格的、明显的界线。但在不同阶段中，动作技能的教学各有特点，以及有与其相应的教学目标和要求。只有根据这些特点、目标和要求，采用不同的手段和方法，才能收到事半功倍的效果。

在体育教学过程中，运动技能形成的三个阶段受一些因素的影响，如运动技能的难度、学习运动技能的总时间和练习的密度、体育教师的教学经验与教学能力、学生的前期经验积累、学生的体育基础以及学生身体素质强弱，等等。

（二）运动负荷变化与控制的规律

体育教学是学生通过身体练习来完成的体育习得过程。因此，在体育教学中学生的身体必定要承受一定的生理负荷，而且从某种意义上讲，这种生理负荷越大，对学生身体产生的生物性痕迹效应越深，对体能提高的效果也越强。但是作为教育的体育教学与一般的体育锻炼和运动训练不同，其追求的并不仅仅是生理负荷和生物性改造，还有其他方面的教育意义，因此在体育教学过程既要合理地利用生理负荷，又要合理地控制生理负荷，这就是运动负荷变化与控制的规律。

在上体育课前，人体处于相对静止状态，且有一定的惰性。运动一旦开始，人体的神经系统、循环系统、呼吸系统以及肌肉韧带等运动系统便动员起来参与运动，人体的机能能力在运动中是逐步提高的，机能能力上升到一定水平时就不再上升了，并会将这一水平保持一定时间，随着运动负荷的积累，机体发生疲劳时机能能力就开始逐步降低。在运动过程中，人体机能能力存在着逐渐上升、保持、下降的变化规律。由于学生的年龄、性别、身体素质不同，在运动中机能能力变化的情况会有所不同。学生的身体素质好，机能能力动员得快，上升的水平高，保持的时间长，机能水平下降的速度较慢，运动后恢复得较快，反之则相反。人体机能能力在运动中变化的规律是体育课纵向结构划分的主要依据。

据人体生理机能活动能力变化的规律，在体育教学过程中学生承受运动负荷的规律也与此相适应，运动负荷的安排要与机能变化的三个阶段相匹配，在人体机能活动最强的时段安排较大的负荷，在人体机能活动上升和下降阶段要控制运动负荷，这是一个基本规律。

但是，在具体的体育教学中，由于学生的年龄特点、身体健康状况、体育基础水平、教材的性质、教学组织教法以及气候条件等不同，学生机能活动能力上升阶段所需要的时间、最高阶段的高度、稳定的时间，以及身体承担急剧变化负荷的能力等均有所不同。因此，学生承受运动负荷的大小要根据现实情况酌情考虑，要及时地予以调整和控制。体育教学中的运动负荷变化与控制过程是：①热身和逐渐加强运动负荷的阶段；②根据教学需要调整和控制运动负荷的阶段；③恢复和逐渐降低运动负荷的阶段。

（三）体育知识学习和运动认知的规律

在体育教学中，学生学习的重要内容之一是体育运动文化和身体锻炼的知识，在体育教学中所培养的认知也是其他学科不能替代的运动认知，体育学科具有独特的运动认知体系。因此，在体育教学中也要遵循体育知识学习和运动认知的规律。

体育学科特有的运动认知体系是不断提高人体对物体、对自我的速度和对时间、空间、距离、重量、力量、方位、平衡、高度等因素予以识别和控制的能力，是一种身体-动觉智力。所谓身体-动觉智力主要是指运用四肢和躯干的能力，表现为个体能否较好地控制自己的身体并使之对事件作出恰当的身体反应以及是否善于利用肢体语言表达自己的情感和思想。构成身体-动觉智力有三个核心要素，其一是有效地控制身体运动的能力，其二是熟练地操纵物体的能力，其三是体脑协调一致的能力，身体-动觉智力在多元智力中占有非常重要的地位。用多元智能理论来解读体育教学，我们就可以在体育教学中，帮助学生协调地控制身体运动、熟练地操作物体（器械、器材），培养学生的空间感知能力和对方向的判别能力，培养学生对器械的速度、重量、方向等的感知能力，从而不断地提高学生的运动认知能力。

体育教学中的运动认知过程是：①广泛进行感性认知形成感性基础的阶段；②进行理性的概括形成理性认知的阶段；③将理性的认知演绎到各种运动情景的应用阶段。

（四）体育学习集体形成与变化规律

体育学习集体形成与变化规律主要是指在体育教学过程中，学生主要是通过在集体合作、配合和相互帮助中学习的。因为体育项目和活动大多数是以集体形式呈现练习的，所以体育教学过程中的集体性学习也体现了体育的目标指向。因此，体育教学中要注重和突出学生体育学习的集体性规律。

体育学习集体形成与变化的规律要求教师在体育教学设计中，选择体育集体性项目作为教学内容，采用分组的小群体教学组织形式，研究集体性学习的评价方法。只有遵循这条规律，才能更好地把集体教育和思想道德教育融于体育教学过程之中，体现体育学科特有的集体特性和集体教育的价值。

体育教学中的集体教育过程是：①组成集体，形成集体因素的阶段；②集体巩固，在集体中接受教育的阶段；③集体成熟，自觉进行集体行为的阶段；④集体分解，形成新学习集体的阶段。

（五）体验运动乐趣的规律

在体育教学过程中，要让学生不断地体验运动的乐趣，这是培养学生体育兴趣，形成运动爱好和专长的首要条件，也是学生掌握运动技能、增强健康的前提条件，更是体育教学过程中教师自始至终要把握的客观规律。

体育本身就是充满了各种乐趣的运动文化，学生对体育乐趣的追求也是体育学习动机的重要组成部分，重视体育中的乐趣因素可使体育教学成为活泼和充满乐趣的过程，忽视体育中的乐趣因素也可使体育教学成为“身顺心违”的过程，成为“磨难”的“畏途”。体育教学中的乐趣体验过程是：①在原有技能水平上运动体验运动乐趣的阶段；②向新的技能水平挑战体验运动学习乐趣的阶段；③习得运动技能后进行技术和战术创新从而体验探究和创新乐趣的阶段。

第四节　体育教学过程的优化与管理

学习和掌握体育教学过程的主要目的不仅是了解体育教学过程的理论知识，更重要的是要把理论运用到实践中，从而提高教学效率和教学质量。但要达到此目的，我们还要学习和掌握有关体育教学过程优化和管理方面的知识。体育教学过程优化的基础理论源自苏联教育学家巴班斯基的教学过程最优化理论。

一、体育教学过程的优化

在当今社会信息量猛增，既讲求效率，又讲求效益的时代，特别是在新一轮基础教育课程改革实施中，体育教学过程的优化具有深远的意义。体育教学过程的优化是指体育教师通过对教学系统的分析和综合，有目的地选择和实施优化教学方案，在规定的时间内和现有的条件下获得优质的教学效果。

（一）体育教学过程优化的观点

1. 用整体的观点认识体育教学过程

用整体的观点认识体育教学过程，有助于我们在教学实践中科学地把握体育教学过程的结构和活动环节。我们应该将体育教学过程看作一个系统，它由纵横两个轴向构成，纵向是由超学段、学段、学年、学期、单元和课时等教学过程组成的；横向是由所有学科教学过程组成的。用这种整体的观点才能更好地认识体育教学过程，才能对体育教学的大环境做一个具体的、整体的判断和分析。在此基础上才会实现全面优化教学目标、教学内容、教学方法、教学手段、教学组织形式和教学评价等。因此，在体育教学过程中必须整体而有序地考虑教学过程结构成分及相互联系，力求使体育教学全过程发挥最大程度的整体效益。

2. 用联系的观点分析体育教学过程

用联系的观点分析体育教学过程的结构和功能，可以发现教学过程存在着多种多样的内在和外在联系。其中主要有因果联系、发展联系和控制联系。

因果联系是指体育教学过程中各种行为活动与效果之间存在着一定的相互依存关系，因此，在教学过程中及其结束之后要不断地分析和研究各种现象之间的因果联系，寻求教学中的某些因素之间存在的本质的必然联系，并用这种联系取得教学效果优化的目的。

发展联系是指体育教学过程本身就是一个发展过程，而学生在教师影响下所产生的对掌握一定知识、技能、技巧的需求和满足这种需求的实际可能性之间的矛盾，是教学过程内部发展所固有的矛盾，这是推动教学过程不断前进的动力。因此，体育教学要充分发挥教师的主导作用，充分考虑学生的主体地位，精心选择教学内容、方法、形式和手段，以实现学生的身心发展。

控制联系是指教学过程是一个控制和自我控制的过程。表现在教师对学生学习活动的计划、组织和检查工作上，反映在体育教师教学的主导作用上。对教学过程控制太严，会压抑学生学习的主动性、独立性、创造性和学生自我控制能力的发挥；对教学过程控制太松，则会降低教师在教学中的主导作用，不利于学生主体地位的体现，影响学习效果。把握合适的尺度，寻求教与学之间的优化结合点是关键。

3. 用综合的观点处理教学中的方法和形式

体育教学内容的执行和体育教学目标的实现均建立在优选的教学方法和组织形式之上才能完成。而体育教学是一个复杂的系统，涉及的因素比较多，如教材的难度、场馆的设施、教师的亲和力、学生的基础、天气的变化、环境的清洁等，而这些因素都可能成为选择教学方法和手段的关键点，因此在体育教学过程中要以综合的观点处理这些问题，优选教学方案，优化执行方案，优化评价标准，综合思考教学过程的优化方法。

（二）体育教学过程优化的策略

体育教学过程有不同的分类，但是学时体育教学过程是体育教学的具体实践环节，是体育教学的基本单位，我们在这里着重探讨此过程的一些优化策略。

1. 优化体育教学目标，使之具有明确性

体育教学目标是体育教学过程的起点和归宿，是首要解决的问题，因为在整个体育教学过程中它对教学内容的组织、教学方法的实施、教学结构的建构和教学手段的运用起指导和统领作用。体育教学目标的确定有一定的依据，它具体受教育目的、学校教学目标、学科整体目标等因素的制约。确定体育教学目标时要明确、科学和可操作，不可模棱两可、含糊不清，各种目标之间要有鲜明的差异性和连贯性。体育教学目标的确定要有利于教学设计，要有利于监控教学过程，要有利于衡量教学评价等。

2. 优化体育教学内容，使之具有可学习性

体育教学内容是体育教学过程中最基本、最主要的组成部分，是教学目标的载体。体育教学内容是教师和学生直接接触的材料，它是否受到学生的欢迎，学生是否对学习内容感兴趣都最终影响到体育教学目标的完成情况。因此，一定要精选体育教学内容，使之更具有可学习性，能受到学生的欢迎。当前的体育教学内容往往脱离学生的实际情况，脱离学生的生活经验，过多的竞技性内容，过多的成人要求，使体育学习内容变成学生“可望而不可即”的东西。为了优化教学过程，教师必须选择那些学生喜闻乐见，锻炼形式又活跃的内容，还要对竞技项目进行必要的改造，使之更具有教材性。

3. 优化体育的课堂教学结构，使之具有合理性

课堂结构是教学过程的主要表现形式，课堂结构不仅是在规定的时空中的教学活动的各个环节、步骤的具体安排，更是教学目标、教学内容和教学方法等的具体体现。课堂结构是一个复杂的系统，根据系统论整体大于各要素部分之和的观点，在优化体育教学课堂结构时不能只重视局部优化，还要着眼于整体，使课堂教学结构的各个组成部分相互协调，相互促进。按照立体结构课堂的理论，进行体育课堂结构的优化。

4. 优化体育教学方法，使之具有实效性

体育教学方法是指在体育教学过程中，教师和学生为了实现体育课堂教学目标所采取的行为方式的总称。包括教师在课堂教学过程中的行为活动方式和学生在教师指导下学习体育知识和技能的行为方式。优化体育教学方法要使方法的选择适应教学内容、适应学生的基础水平，使学生在尽量短的时间内掌握较多的知识和技能，并受到全面的思想道德教育，得到全面发展。体育教学方法的选用要做到科学选用、高效突出、力求创新，同时也要注重对学法的研究。

5. 优化体育教学评价，使之具有激励性

体育教学评价是教学过程中重要的一个环节，是指运用科学的手段，依据教学目标，对教学（教师和学生）活动进行全面的、全方位的定量或定性的分析，做出客观公正、准确的价值判断。优化体育教学评价要注意评价的全面性、民主性和发展性，最重要的是突出评价的激励作用和功能，使评价成为教师教学和学生学习的不竭动力。

二、体育教学过程的管理

从管理学的角度来看，体育教学过程同时也是一个管理的过程，其中涉及计划制定、计划执行、信息反馈和计划评估等一些管理学的理论。从提高效益角度来讲，体育教学过程要非常重视管理，不仅要注重对教师教学能力的管理，而且要重视对学生学习行为和方式的管理；不仅要重视课堂秩序的管理，而且要重视课堂问题的管理；不仅要对学生进行约束，更要创设良好的学习氛围。

体育教学过程管理的内容比较多，有对体育教学计划的管理、对体育教学场馆设施的管理、对体育教师的管理、对学生学习的管理、对学生成绩的管理等。但我们常见的是有关体育课堂时间方面的管理。

课堂时间是有限的，如何在一堂课中让学生掌握更多的知识和技能，提高教学效率，是当前教学改革的首要问题。在体育课上怎么样减少浪费的时间，提高时间利用率也是当前体育教师面临的一个难题，更是体育教学过程优化的一个标志。体育课让学生等待的时间较长会让学生对课的学习失去兴趣，教师运用管理的时间太多，说明课堂秩序不好，组织比较零乱。因此体育教师在课堂上应尽量减少管理和等待的时间，以此增加学生活动和练习的时间，从而提高教学效率。

为了更好地提高体育课堂教学效率，提升学生学习的积极性，体育教师首先应加强体育教学课堂的管理，合理地分配时间，掌握教学技巧，使教学达到条件许可范围内的最大程度的优化。

◎ 讨论与思考：

1. 如何理解体育教学过程？
2. 什么是体育教学规律？体育教学规律有哪些？
3. 不同的体育教学规律反映的特点是什么？

第四章　体育教学原则

☞ 引言

体育教学原则是长期体育教学实践经验的总结和概括，是体育教学客观规律的反映，是体育教学工作必须遵循的基本要求和准则。正确理解和贯彻体育教学原则可使体育教师进一步掌握和运用体育教学的客观规律，对加速教学过程、提高教学效果、完成体育教学任务具有重要意义。

☞ 学习目标

通过本章的学习，使学生理解体育教学原则的含义和特点，分析体育原则的特点，熟悉一般性教学原则和特殊性原则的不同，针对不同体育教学原则分析体育教学实施，并能加以有效运用。

第一节　体育教学原则概念

人们常说教学是有规律可以遵循的，认为教学规律在教学过程中是自然而然发生作用的，而教学原则则是教学过程中必须刻意遵循的基本要求。由此可见，教学原则具有有意性和自觉性。教学原则是根据教育教学目的、教学规律而制定的指导教学工作的基本要求。它既指教师的教，也指学生的学，应贯彻于教学过程的各个方面和始终。

教学原则反映了人们对教学活动本质性特点和内在规律性的认识，是指导教学工作有效进行的指导性原理和行为准则。教学原则在教学活动中的正确和灵活运用，对提高教学质量和教学效率发挥着一种重要的保障性作用。由于教学原则是根据人们对教学规律的认识而制定出来的，因此，它受人们对教学规律的认识的制约。因此，教学原则既有它的客观规律性，又具有时代特点。

一、教学原则的形成

自从夸美纽斯在《大教学论》中提出教学原则的论题后，教学原则就不断承受着多方研究者的关注与辩驳，围绕着该话题的争议久久不能平息，尤其是教学原则的概念和构建，呈现出了百花齐放，百家争鸣的局面。关于教学原则的概念，目前来看，存在着以下几种观点：“规则说”“策略说”“原理说”“要求-原理说”“要求说”。每种观点，论者都能陈述理由二三，但在我国教学论界广为流传和被人认可的一种说法是“要求说”，即教学原则是根据教育教学目的，反映教学规律而制定的指导教学工作的基本要求。① “原则”一词在汉语中通常指“观察问题，处理问题的准绳”②，在英语中是 principle，含有指导原理、基本要求的意思。虽然，关于教学原则的概念众说纷纭，但我们还是比较认可“要求说”的。

教学原则的概念问题是属于教学原则本体论范畴的根本问题，它直接影响人们对教学原则的深化和发展。教学原则来源于人们在教学实践中对教学客观规律的认识，它体现了人们对教与学的发展过程中反映出来的客观规律认识的深刻程度。教学规律是第一性的东西，是不以人们意志为转移的客观存在，是教学过程中固有的、本质的、必然的、内在的联系。人们只能发现它、掌握它、利用它，不能违背它、改变它或人为地创造它，只能在教学的实践中不断地认识它。教学原则是第二性的东西，它是人们根据对教学过程规律而制定的，为搞好教学工作必须遵循的基本要求，是主观对客观的反映，因而有正确与错误之分，但也不一定属于正误之分；有的可能比较全面，有的则有片面性；有的比较积极，有的则比较保守。它可以随着教学实践的发展变化而变化。教学原则是根据教学规律而制定的教学基本准则，只有教学原则正确地反映了教学规律，教师在教学中又很好地贯彻了教学原则，教学才能取得好成效。从这个意义上讲，教学原则和教学规律是一致的，它们对教学实践具有指导意义。

---

① 王策三．教学论稿（第二版）［M］．北京：人民教育出版社，2005：139-140.

② 夏征农．辞海［M］．上海：上海辞书出版社，1999：178.

无论是中国古代，还是古希腊时代，人们在从事教学实践的活动中，探索出了一些成功的经验或者失败的教训，在抽象概括的基础上制定了一些教学原则，但是作为一个体系来构建教学原则，一般认为始于捷克教育家夸美纽斯（1592—1670 年），他在《大教学论》中以四章的篇幅来论述教学原则这一主题，共列出 29 条教学原则，8 个问题，而这些问题实际上也是讲教学原则的。其概括的主要教学原则有教与学的一般要求、教与学的便易性原则、教与学的彻底性原则、教学的简明性与迅速性原则。其中第十六章有九条原则，第十七章有十条原则，第十八章有十条原则，第十九章讲了八个问题①。

20 世纪 50 年代，对中国教学领域影响深远的当属以凯洛夫为代表的苏联教学理论。凯洛夫在其主编的《教育学》中提出了五条教学原则：直观性原则、系统性原则、理解性原则、量力性原则、自觉性原则②。这些原则是互相联系的整体，不可分割。

王汉澜在其主编的《教育学》中提出了八条教学原则：科学性与思想性统一原则、理论联系实际原则、直观性原则、其启发性原则、循序渐进原则、及时反馈原则、巩固性原则、因材施教原则③。这些原则即阐述了该原则的本质，也指出了运用该原则的主要要求，这些原则彼此密切联系，相辅相成，在教学中必须综合贯彻，方能收到好的教学效果。

二、体育教学原则概念

自从《奏定学堂章程》在我国颁布实施以来，近代体育课程在我国校园内得以确立。受西方实用主义教育思想和实用主义教育思想的影响，我国体育理论界的学者开始研究体育教学方面的相关问题。对于体育教学原则在我国的发展历程，有学者认为经历了“引证借助于经验总结时期（1949 年以前）”“学习借鉴与引进时期（1949—1965 年）”“停滞与发展断裂时期（1966—1978 年）”“改革开放与探索发展时期（1979—1989 年）”“渐成体系与相对稳定时期（20 世

① 张楚廷．教学原则今论［M］．长沙：湖南师范大学出版社，1993：1-4.
② 张楚廷．教学原则今论［M］．长沙：湖南师范大学出版社，1993：5.
③ 王汉澜．教育学［M］．开封：河南大学出版社，1989：234-258.

纪 90 年代）”和“课程改革与创新时期（2000 年至今）”这六个时期①，每个时期都有相应成果出现以指导教学实践工作。陈泳声先生在 1934 年所著的《体育概论》中开始关注体育教学原则，提出在体育教学中要有兴趣，要适应年龄，要适应学校环境，要适合国情，应当多采用自然活动，以及要适合气候，切合实际，应分等级等②。可见，早期的体育教学原则受“自然适应性”的教学观影响较大。1944 年，王学政编著的《体育概论》中提出的教学原则，基本上是依据当时美国心理学家、教育家桑代克的“学习与教学方面的根本规律”，即准备律-练习律-效果律。作者在该书中对体育教学原则作了分析阐述，按照准备律：任何活动的教学，首先要引发动机，启发学习该活动的意向；按照练习律：练习不可间断，要有规律，不可敷衍行事；按照效果律：引发满足之感，欲引起满足则兴趣更重要③。在这些研究中，论者并没有给出明确具体的体育教学原则概念，只是提出了一些具体的体育教学原则，并从内容选择、方法确定等方面提出一些建议。

20 世纪 80 年代以来，我国体育理论界开始致力于探索具有中国特色的体育教学原则体系。把体育教学原则界定为体育教学的基本要求，典型的表述为“体育教学原则是体育教学工作必须遵循的基本要求和指导原理”。在这一时期的著作中都表达了这样的观点。如 1981 年全国体育学院教材委员会《体育理论》编写组编写的《体育理论》④、腾子敬主编的《体育理论》⑤、《学校体育学》编写组编写的《学校体育学》⑥ 以及于长镇主编的《体育教学论》⑦。我们将这类观点统称为“要求说”。

金钦昌在《学校体育理论》一书中指出，体育教学原则是指导教学工作的准

① 蒋新国．我国体育教学原则的历史演变［J］．北京体育大学学报，2010，33（2）：81-85.

② 蒋新国．我国体育教学原则的历史演变［J］．北京体育大学学报，2010，33（2）：81-85.

③ 王学政．体育概论［M］．重庆：商务印书馆，1944：145-147.

④ 全国体育学院教材委员会《体育理论》编写组．体育理论［M］．北京：人民体育出版社，1981.

⑤ 腾子敬．体育理论［M］．北京：北京师范大学出版社，1987.

⑥ 《学校体育学》编写组．学校体育学［M］．北京：人民体育出版社，1983.

⑦ 于长镇．体育教学论［M］．大连：大连海运学院出版社，1991.

则，它是根据体育教学的任务和教学过程的客观规律，在长期体育教学实践的基础上的经验总结和概括①。

体育院校成人教育协作组《学校体育学》教材编写组编写的《学校体育学》中指出，体育教学原则是指导教学过程，处理教学过程中各种矛盾的理论依据和基本准则②。

樊临虎在《体育教学论》中指出，体育教学原则是体育教学工作必须遵循的基本要求和指导原理，是长期体育教学经验的概括和总结，是体育教学过程客观规律的反映③。我们将这一类观点概括为“要求-原理说”。

体育教学原则反映了体育教学客观规律，它是建立在人们认识规律的基础上，对长期体育教学经验进行的概括和总结。体育教学原则反映了体育教学过程中教与学双边活动的规律，使体育教学规律在教与学的具体活动中得到体现。因此，我们可以将体育教学原则理解为依据体育教学规律，用于指导教学实践工作的基本要求。将其作为体育教学工作的指导原理和要求，对体育教学工作具有指导作用。它在一定程度上具体决定着教学内容的安排、教学方法的选择和教学组织形式的运用。因此，正确地理解和贯彻体育教学原则，能使教师进一步掌握和运用体育教学过程中的客观规律，对明确教学目的、选择与安排好教学内容、正确地运用教学方法、提高教学效果、加速体育教学进程、完成体育教学任务具有重要意义。实践证明，一名体育教师的教学质量高，是因为其教学总是自觉或不自觉地符合正确的体育教学原则。反之，教师教学质量差，也是因为其教学总是在不同程度上违反了正确的体育教学原则，即教学质量的高低总是与教师在教学中能否正确地运用体育教学原则有密切的关系。

第二节 一般性体育教学原则

由于体育教学中既要遵循一般的教学规律，同时又要遵循体育教学本身特殊的规律，因此，在体育教学中，既有一般性的教学原则，同时也有一些特殊的教

① 金钦昌．学校体育理论［M］．北京：高等教育出版社，1987.

② 体育院校成人教育协作组《学校体育学》教材编写组．学校体育学［M］．北京：人民体育出版社，1999.

③ 樊临虎．体育教学论［M］．北京：人民体育出版社，2002.

学原则。综合关于体育教学原则的研究，结合现代教育理念，体育教学的一般性原则包括学生中心原则、直观性原则、循序渐进原则、巩固提高原则；体育教学的特殊原则包括：合理安排运动负荷原则、从实际出发原则、为终身体育打基础原则、全面效益原则。

一、学生中心原则

（一）“学生中心”的教学内涵

学生中心的教学理念古已有之，杜威和罗杰斯是其中的主要代表。杜威在《民主主义与教育》中提出了“儿童中心论”，突出了学生的地位，体现了学生中心的教学理念。他系统性地阐述了儿童中心理念，主张培养学生的积极性和独立性，强调学生“主动作业”的重要性，主张让儿童自由成长和自然发展①。认为教学的中心不是教师的教授而是儿童的“互动”，因而儿童是教学过程的主体；教师在选择教材时，首先要考虑的是教材要使儿童感到“有兴趣”，符合儿童的身心发展规律而非其他。在此基础之上，麦库姆斯明确提出了学生中心的概念，认为教学需要考虑到学习者的遗传特性经历、背景、观点、天分、兴趣、能力和需求②。而在已有的研究当中，以学生为中心的教学理念主要呈现出以下几类特征：第一，学生是知识的需求者，教师是知识的组织者与传授者，教学活动以培养学生的综合素质为主要目标。第二，学生是学习主体。课堂教学、教师、课本教材、课外作业以及其他教学相关内容是学习的客体，学习的主体是学生。第三，应将学生的评价和学生的学习投入程度作为主要指标，纳入课堂教学质量评价当中，教师应关注学生的个体差异性。而所谓学生中心课堂的是指以学生的学习活动作为整个课堂教学过程的中心或本体的课堂③。不同于传统课堂，学生中心课堂的落脚点在于课堂教学过程要以学生为中心，突出学生小组合作式、探究

---

① ［美］约翰·杜威．民主主义与教育［M］．王承绪译．北京：人民教育出版社，2001.

② 杨帆，许庆豫．“教师中心”与“学生中心”教学理念辨析——基于中小学教师的问卷调查［J］．高等教育研究，2015（36）：78-86.

③ 陈佑清．建构学习中心课堂——我国中小学课堂教学转型的取向分析探析［J］．教育研究，2014（3）：96-105.

式、自主学习式等教学模式扩展学生学习的时间、空间与条件支持，激发学生主动、能动地完成学习任务。换言之，教学组织要最大限度保障学生独立自主学习的可能；尽量提供学生学习所需的时间、空间和支持性条件；教师重在引导、激发学生能动、有效地学习。学习中心课堂强调“以学为本”，即以学生能动、有效地主动学习作为本体性活动，教师的教导为促进学生能动学习而努力；“少教多学”，即减少教师枯燥、单向的个人讲授时间，增加学生自我学习时间，既包括增加教师单独指导学生进行独立、主动、自主、有效学习的时间，也包括增加学生思考、探究、消化吸收的时间；“以学定教”，即根据学生自身的学习经验和基本学习情况作为教学决策的依据，从而决定教的内容、方式、速度等。

总之，学生中心原则通过动机激发等活动激起学生能动参与的意识，根据学生的学情、风格、个性特征设计教学起点，因材施教，学生学习能力范围内的内容尽量不教，学生最近发展区内的知识则以指导学生“跳一跳”就够得着的为主，突出教学的针对性、有效性、可接受性。建构学生中心课堂目的指向充分促进学生身心素质的发展，而发展的机制则是学生自身的主动参与、能动建构、积极反思和多样化探索的亲身经历过程。唯有学生自己主体性的充分发挥才能真正激发学生的积极性、自觉性，实现身心全面发展，实现教育的本质要求。学习主动参与、亲身经历、独立完成、自主建构、能动经验是学生主体性发挥的根本途径，也是建构学生中心课堂的必然要求。

（二）“学生中心”的课堂教学

1. 把握“学生中心”教学观念

教学观念是教学活动的核心和关键，只有拥有正确的教学观念才可以保证教学活动的高效进行。因此，教师在进行课程教学时的首要任务就是要转变教学观念，将课堂的主动权交还给学生，充分尊重学生在学习过程中的主体地位，让学生能够有更多独立思考、自主探究、自我表达的机会。同时教师也要注意发挥自身的引导作用，把握好“学生中心”的度。例如，我们可以采用翻转课堂的教学模式通过网络的形式将课程内容和问题让学生提前学习，在课堂上，以问题的形式展开教学流程，让学生以小组互助的形式形成交流群体，进行问题的探究与交流，每个小组最后汇总小组意见并表达出来。在这期间，教师可以进行巡回指导，给予学生解决问题思路的点拨或肯定。当然，在体育实践课教学的初始阶段中，更应该让学生了解技术动作为什么会出现这样或那样的问题，让学生从力学的角度去发现技术动作存在的问题，并引导他们分析问题产生的原因以及发现解决问题的方法。

2. 提高学生学习自觉积极性

自觉积极性是由我国体育教学的必然要求和体育教学过程的双边活动特点所决定的。《体育之研究》一文曾指出："坚实在于锻炼，锻炼在于自觉"，"欲图体育之有效，非动其主观，促其对体育之自觉不可"。自觉和积极是相互联系的，自觉是积极的前提，积极的行动来源于认识上的自觉，认识水平的高低，决定了行动积极的程度。体育教学是有目的、有计划的教育过程，是培养人的过程。在这一过程中，学生只有自觉地发挥自己的聪明才智，勇于探索，开动脑筋，去学习掌握体育知识、技术和技能，并把它们运用到实际生活中去，才会在行动上积极主动锻炼，从而培养学生终身从事体育锻炼的习惯，成为德、智、体全面发展的社会主义建设人才。自觉积极性原则又是体育教学过程中教和学双边活动的特点所决定的。师生关系是体育教学过程中的一对基本矛盾，矛盾的主要方面是教师，因为教师是国家意志的代表者，他们掌握着教学的方向，控制着教学的过程，起着主导作用。但是辩证唯物主义认为内因是变化的根据，教师的主导作用要落在"学"上，教学所追求的目标和结果，要由"学"来体现，"学"是学生自己独立的、主动的活动，是教师包办代替不了的。因此，教师主导作用的实质在于调动学生学习的自觉性和积极性。在教学中只有充分发挥学生的内因也就是主体作用，才能使学生更好地掌握体育的知识、技术和技能，完成各项教学任务。否则，教学中缺乏学生的自觉积极性，完成教学任务是不可能的。那么，在教学实践中，如何调动学生的自觉积极性呢？

（1）明确学习目的、端正学习态度

学生学习的目的和动机是否明确，直接影响学习的自觉积极性。只有当学生抱有明确的学习目的和积极的学习动机，才能激发出学习的热情，使其不仅在课堂中获得知识、技术、技能，同时也能够享受体育学习带来的乐趣。因此，教师应加强对学生进行学习目的的教育。

（2）制定切实可行的目标与标准要求

制定学生经过努力能够达到的学习目标，对学生学习积极性具有激励作用。学生不需要付出努力便可达到的目标，或者是令学生望而生畏的教学目标，都不能调动学生的学习积极性。标准过高或过低，都会影响学生学习的积极性。教师要深入调查研究，制定出切实可行的、符合学生实际的教学目标、任务和标准要求，组织学生努力去完成任务，实现目标，体验成功的喜悦。

（3）严密教学组织、丰富教学方法

严密的教学组织，特别是带有艺术性的教学组织，能激发学生学习的积极性。根据教学任务和教材特点，以及学生的年龄特征采用形式多样的教学方法，尤其是在教授比较单调、枯燥的教材内容时，利用多样化的教学组织形式、丰富的教学方法，会激发起学生的学习热情，调动学生学习的积极性。

（4）布置优美的教学环境

教学环境直接影响学生学习的情绪。体育课堂中优美的学习环境，整洁美观的器材、设施，布局合理的场地以及富有教育意义的标语、挂图等，都是一种良性刺激，有利于调动学生学习的积极性。

（5）培养学生的学习兴趣

“兴趣是最好的老师”。在体育教学中，培养学生对体育的兴趣，对于激发学生学习积极性具有重要作用。有了兴趣，他们就会主动、自觉、自愿地去学习。而要使学生对体育产生兴趣，应满足他们的求知欲望，使他们掌握一定的知识、技术和技能。在教学中教师应及时对学生的学习情况做出客观而准确的评价，使学生及时知道自己的学习效果，了解自己的进步，从而激发学习热情，巩固学习兴趣。

3. 运用课堂教学创新模式

教学模式是先进教学理念的重要体现，只有创新教学模式才能够真正将“以学生为中心”的教学理念落实到教学实践当中。这就需要教师不断扩展自身的专业知识面，掌握各种创新型的教学方法，并注重提高自身的信息素养，熟练掌握信息技术的运用，通过制作教学视频，运用微课、翻转课堂、网络学习平台等，突出学生地位的教学模式，突出学生的自学过程，并在课堂教学中进行学生自学成果的验收总结，从而提高学生的课堂参与度，使课堂更加充满生机与活力。

案例：体育教学翻转课堂设计

翻转课堂是通过互联网上的优质教学资源和教师制作的视频、课案等，以学生为主体“先教后学、以学定教”。将传统教学中课堂与课外的功能顺序进行倒置，即把识记、理解这类难度小的目标放在课外，让学生先学习，而把应用、分析、评价和创造这类难度大的目标放在课堂中进行的教学模式。学生在家或校园完成知识的学习，而课堂成为教师与学生之间、学生与学生之间互动的场所。翻转课堂使学生的学习由传统的被动接受学习变为学生是课堂的主体。体育教学通过身体运动来完成教学任务，利用视频来实施教学能够更直观，更易于掌握动作要领。翻转课堂教育理念的转变和教育时空的变革给操作设计提出了更高的要求。

教师为学生自主学习的设计。例如，高中足球选项教学目标的设置与制定是以怎样提高踢球的准确性作为切入点。在课前，教师将网络视频或录制的视频让学生观看，并进行相应的问题检测，学生自我分析、探讨、思考怎样才能做到提高踢球的准确性，从而达到自我技术和运用技术的目标。教师启发和引导学生在学习中充分发挥主动性、探究精神，达到举一反三、由表及里的认识过程，通过“如何提高技术水平?”“体能和掌握技术战术的关系是什么?”“踢球的技术环节包括哪些?”等设问引导学生在学练过程中要遵循原则、重点与要求，学生根据自我能力制订足球学习计划和预期学习目标。通过视频学习了解脚背踢球、脚内侧踢球、脚尖踢球等基本技术动作，使学生明确学习目标，提高自主学习的兴趣，保障课前自主学习的效果。以整体的运动目标问题设计对应单一的运动技术，在课中以技术动作的学习为重点。

学习难点分层教学的课堂操作设计。例如，高中阶段的跨栏教学，技术上有一定的难度，在教学实践中，不能过多地追求动作技术细节，要以多种多样的教学手段，发展学生的速度、力量等身体素质和髋关节的灵活性，提高跑的能力等。教师在课前准备预习资料、跨栏视频的技术动作学习基础，适当介绍一些跨栏跑的技术原理、竞赛规则等知识。使学生了解跨栏动作的技术难点，把跨栏步与栏间步作为重点进行学练。在翻转课堂的教学中利用走动、慢跑迈（跨）障碍物、中速跑过 2~3 个栏架等辅助手段，按照能力分组，采取等高不等距或均不等的方法，分层进行学习，降低难度，灵活教学，增强学生练习的信心，提高学生运动水平。学生可以反复观看视频，相当于老师多次地讲解，这是真正实现了分层教学，进行了个性化学习。

翻转课堂使学生成为知识的主动探索者，使教师从课堂“主导者”转变为“参与者”。翻转了课堂教学的固化模式，体现了学生的主体地位。是学生有效、高效学习的手段，教师通过目标导学、教材自学、微课助学、合作互学、在线测学的环节，逐步提升学生的自主管理能力和自主学习能力，促进学生的全面发展，只有学生会学，才能乐学；只有学生乐学，才能爱学；只有学生爱学，才能真正地达到一切为了学生，为了学生一切的目的。以学生为主体，教师为主导的教学思想是教育教学追求的目标。①

二、直观性原则

直观性原则是指在体育教学中，利用各种直观的手段，通过学生的各种感官和已有经验，对所要学习的身体练习获得生动的表象、正确的思维，从而掌握体育的基本知识、技术和技能，培养观察能力和思维能力。

直观性原则是根据人认识事物的规律所提出来的。人们对事物的认识都是“从生动的直观到抽象的思维”，学生掌握体育知识、技术和技能也总是从感性认识开始的。“任何知识的来源，都在于人的肉体感官对客观外界的感觉。”在体育教学中，学生从事身体练习，没有清晰的感觉就不可能在大脑中建立动作表象进而掌握技术动作。

人们对外界的认识是通过多个感觉器官来完成的，如用眼看、用耳听就会感知动作的形象，建立空间感与时间感。而利用触觉、肌肉本体感觉去感知用力、速度等，这是体育教学中运用直观性原则，是与其他各科教学的一个重要的不同点。直观性原则就是充分利用人的各种感官来认识事物，通过积极思维，完成体育教学任务。

在体育教学中可以运用的直观手段很多，如动作示范、教具和模型的演示、电影和电视录像以及条件诱导等。

① 潘绍武．体育教学翻转课堂的操作设计策略［J］．课程教育研究，2017（36）：256-257.

贯彻直观性原则应注意以下几点：

1. 广泛运用各种直观方式，综合运用各种感觉器官

在体育教学中，教师应通过动作示范、挂图、各种教具等直观方式，作用于学生的视觉、听觉等感觉器官。特别是运用现代电化教育手段，清晰地演示动作，帮助学生建立动作表象。并通过反复的练习建立起条件反射，形成正确的动作技术概念。

科学实验证明，在感知外界事物时，参与的器官越多，掌握知识的数量也越多，记忆的牢固程度也越好，形成动作技能也越快。因此，在体育教学中，应充分调动学生的各种感官来参与学习，即除了视觉、听觉，还有触觉、肌肉本体感觉来感知动作要领、肌肉的应力程度和方法，逐步建立完整、正确的动作形象和概念。

但是在教学的不同阶段，各种直观手段的运用应有所侧重。采用什么样的直观手段，要根据教学的具体任务、教材的特点和学生的情况，有区别、有目的地加以运用。如在教学的开始阶段，视觉的作用比较大，一般可较多地采用有助形成视觉形象的示范、演示直观教具等，再配合生动形象的语言，就能顺利地帮助学生形成视觉形象。当学生进行练习、体会动作时，肌肉本体感觉将起很大的作用。那么必要的助力与阻力等手段对学生更快地掌握动作技术无疑是很重要的。因此，要注意选择好运用不同直观手段的时机。总的来说，必须是综合利用各种直观手段，调动学生的各种感觉器官参与学习。

2. 教师生动形象的语言具有直观作用

在教学中，教师用语言生动地讲解、形象地描述，能够给学生以感性知识，形成表象和想象，起着直观的作用。语言直观的特点，在于它可以摆脱实物直观和模仿直观所需要的时间、地点、设备和其他条件的限制，只要学生具备了必要感性认识的储备就可以进行。因此，在教学中教师可以联系学生的生活经验和运动实践，用生动形象的比喻，通过分析、比较等办法，使学生明确动作要领和完成方法。

3. 将生动的直观、抽象的思维和实践结合起来

直观有助于使学生看到动作的正确形象，但是只有与思维相结合，才能取得较好的教学效果。因此，在运用各种直观手段时，要善于引导学生积极思维，并

进行反复实践，防止一般化的观察和单纯形式的模仿。直观是前提、思维是核心、实践是关键，通过观察、分析、练习，使生动的直观、抽象的思维和实践紧密结合起来，对于加速掌握动作的过程会起到积极作用。

三、循序渐进原则

循序渐进原则是指体育教学内容应由易到难，教学方法和组织形式由简到繁，运动负荷由小到大，循序渐进地展开。

教学的循序渐进原则，是由科学知识自身的特点所决定的。任何科学知识，都具有严密的逻辑系统，如果违背了这一系统，学生就无法获得系统的知识和技能。体育学科的知识同样具有一定的逻辑系统，因此，体育教学中的教学内容、教学组织工作、学生身心发展都有各自的发展顺序和一定的规律，不能违背。这就决定了体育教学中的组织教学的选择和运动负荷的安排也应该循序渐进地进行。

循序渐进原则是根据人们认识事物的规律、动作技能形成的规律和人体机能适应性规律提出来的。

人们认识事物的规律都是由简单到复杂、由低级到高级、由直观到抽象地循“序”进行的。每一种新的科学知识的学习都是建立在已掌握的知识的基础之上的，前面知识的积累是后面知识学习的条件和保障。体育教学中学生对体育知识、技术的掌握同样是按着这样的顺序和规律进行的。

动作技能形成的规律证明，学生在学习掌握动作技术过程中，都经历了从不会到会，从不熟练到熟练，从不巩固到巩固的渐变过程。一般来说，这个渐变过程大致可以分成三个阶段，即粗略的掌握动作阶段；改进、提高动作阶段；动作趋于巩固，运用自如阶段。要加快学生掌握动作技能形成的过程，取得动作技能形成的良好效果，就必须遵循动作技能形成的规律。在学习技术的过程中，又总是从学习掌握简单的动作技能逐渐向学习掌握复杂的动作技能发展。

人体机能适应性规律是指，有机体承担负荷后，通过自我调整，会对外界刺激产生适应，当有机体适应了某一负荷刺激后，机体的机能就出现“贮备”现象。机体的这种适应现象，随着外部负荷刺激的加大，所出现的适应水平也就随之提高，产生新的更高的水平。但是这种适应情况的出现是有条件的，假如外界的刺激过大、过猛，超过了学生的承受能力，不但不会产生新的更高的适应，反而会有损于健康。

贯彻循序渐进原则应注意以下几点：

1. 要有完整的教学工作计划文件，以保证教学系统连贯、循序渐进地进行

在制订计划时，每个项目、每次课、每学期的教学内容和教学组织方法应前后衔接，逐步提高；在安排某一项目的教学时，既要考虑本项目的内部系统，又要考虑与其他项目的联系；安排课的内容与教法时，不但要考虑课与课之间动作形成的连贯性，而且要考虑技术之间的相互影响，动作技能的转移和身体素质的转移，以及技能与素质之间的相互影响。

2. 全面系统与重点突出相结合

循序渐进原则要求体育教学内容系统连贯，但对各项教材和教材的不同部分，教学活动的各个环节，不能等量齐观，平均分配，而应抓住基本的、关键的内容，突出重点，带动全面。

3. 选择组织教法时，应由简到繁、由易到难

易和难、简和繁都是相对的，它根据不同的对象和条件而改变。如身体发展和技能掌握程度不同的学生，在学习某一动作时的难易程度也不同。同一动作对某些学生来说是简单容易的动作，但对另一些学生来说，可能是复杂和困难的动作；对低年级学生来说是复杂困难的动作，而对高年级来说则可能就是简单容易的。那么，在采用教学方法和组织形式时也就有所不同。

4. 有节奏地逐步提高运动负荷

运动负荷由小到大逐步提高，是贯彻循序渐进原则的重要体现。有机体产生适应性要有一个过程，这是因为机体适应某种负荷需要有一定的时间，因此，负荷的安排只能是渐进的、有节奏的。逐步提高负荷的方式有直线上升式、阶梯式、波浪式等。直线上升式可在负荷总的水平不高，每次负荷增加不显著，而且作业之间的间歇较大的情况下采用。阶梯式是为迅速提高训练水平而采用的，其负荷的增加比直线上升式来得急。这两种方式只能在持续实践不太长的情况下采用。波浪式是把逐步提高负荷与负荷急剧增加、减少结合起来，这种负荷的起伏变化能使运动负荷有节奏地逐步提高。在持续时间长的情况下，一般采用这种方式。

在体育教学中，要特别注意运动负荷的增加应循序渐进。不同负荷的体育课可以有节奏地交替进行。在一学年、一学期或一定教学阶段，运动负荷应保持一种总的提高趋势。

四、巩固提高原则

巩固提高原则是指体育教学中，使学生牢固地掌握体育知识、技术与技能，并能熟练地加以运用，不断地发展身体，增强体质。

在所有学科的学习中，知识的巩固既是学生掌握知识的重要标志，又是学生运用知识于实际的必要条件，体育教学也不例外。但体育教学的学习和掌握与其他学科不同，它不仅需要记忆，更需要练习，因此，在巩固提高知识、技术、技能的同时，又会取得锻炼身体、增强体质的效果。

学生能否牢固地掌握、提高已学过的体育知识、技术与技能，是衡量教学效果好坏的一个重要标志。只有牢固地掌握已学过的内容，才能为顺利地掌握新内容创造有利条件，这对发展学生的身体，增强体质也是一个有利的因素。

巩固提高原则是根据条件反射强化与消退理论以及人体机能适应性规律提出来的。动作技术、技能的掌握，是大脑皮层建立暂时性神经联系的结果，如果不及时巩固提高，这种暂时性神经联系就会消退。进行身体练习能促使机体的机能能力逐步发生变化，从而增强体质，但是这种变化不是一劳永逸的，如果间隔时间过长，体质水平也会下降。

贯彻巩固提高原则应注意以下几点：

1. 组织学生进行反复、经常的练习

反复练习和经常复习是巩固和提高体育知识、技术和技能，提高身体素质的基本方法，通过反复练习，可以消除动作的缺点和错误，使大脑皮层的暂时性神经联系不断巩固、强化，使有机体的机能不断适应变化的条件。因此，每次课都要使学生有足够的练习时间和次数，要让学生多实践。反复练习不是简单、机械的重复而是要在原有的基础上逐步提高要求，不断提高学生学习的兴趣。

在练习中，可不断改变练习的条件，对于巩固和提高技术将有积极的作用。还可将课内外紧密结合起来，利用课外作业，使学生独立在课外复习课上所学过的体育知识、技术与技能，达到巩固和提高的目的。

2. 采用提问、测验、考查及考试等方式

提问可以在课中随时进行，通过学生积极思考，回答问题，使学生对所学过的知识加深理解。测验、考查和考试应在教学过程的一定阶段或学期结束时进行，在测验、考查和考试前最好安排一定的时间进行集中复习，这是巩固教学成果、检查与推动教学工作、提高教学质量的一个有效措施。同时通过平时的测验、考查，能及时了解学生的情况，不断改进教学。学生对定期考试的集中复习，反复作业，不但可以进一步巩固和提高动作技能，而且可以提高身体素质。

3. 通过竞赛形式巩固提高

通过竞赛，要求学生在复杂变化的环境中和在竞争的情况下，运用他们所学到的知识、技术与技能，使其能力得到巩固与提高。竞赛既能巩固提高技能，又能培养良好的道德品质。

第三节　特殊性的体育教学原则

一、合理安排运动负荷原则

合理安排运动负荷原则是指，根据教学任务、教材性质、学生特点和教学条件，合理安排学年、学期、每次课和课中每项教材的运动负荷，使之与休息互相交替，进而有效地增强学生的体质。

影响运动负荷的因素，主要有负荷量和负荷强度两个方面。负荷量是指完成练习的数量、次数、时间、距离和重量等；负荷强度是指在单位时间内完成练习所用力量的大小和机体的紧张程度，包括练习的密度、完成练习的速度、一次练习的重量、投掷的距离、跳高的高度等。量和强度是互相联系、不可分割的两个方面，两者是对立的统一。一定的量就有一定的强度，而强度对有机体的影响起着更重要的作用。另外，动作质量对运动负荷的大小也有一定的影响，应在保证动作质量的前提下，使身体承受一定的运动负荷。

合理安排运动负荷原则是根据疲劳与恢复过程的相互关系以及超量恢复原理提出的。因为，人体机能的改善和提高以及体质的增强必须在适宜的运动负荷的刺激下才能实现。如运动负荷停留在一个水平上，则人体的机能能力也会停留在一定的水平，增强体质的效果就不大。机体受到刺激后所作出的应答反应与刺激的程度成正比。在一定限度内负荷越大，超量恢复的效果就越好，适应性变化就越大。如果刺激的强度过大，超过一定限度，则应答反应反而会下降，身体机能会减退，导致身体受损。因此，合理安排运动负荷原则，是体育教学的特定原则，是体育教学的重要依据，必须给予足够的重视。

贯彻合理安排运动负荷原则应注意以下几点：

1. 正确处理量与强度的关系

负荷量与强度的极限指标成反比。强度最大的负荷，只能保持很短的时间，而量达到极限的运动负荷，只能采用较小的强度。在强度适中的条件下，量可以达到很大。在体育教学中，量（主要是练习的时间和次数）可以加大些，但强度要适宜，以防止过度疲劳而影响健康。

2. 善于运用负荷的表面数据与内部数据

运动负荷的表面数据，是指进行活动时，身体练习作用于人体的量和强度；内部数据是指有机体接受运动负荷的刺激后而引起身体内部的生理、生化和其他机能的变化数据，如心率、血压、吸氧量等。运动负荷的表面数据与内部数据在一般情况下是一致的，即一定大小表面数据的运动负荷，能引起相应大小的内部机能变化。但是，在某种情况下也会是不一致的，如一个教学班内，由于学生的身体基础、运动能力不同，接受同样的负荷表面数据，而引起的内部数据是不同。即使同一个学生，在学习的不同阶段，随着机能水平的提高，相同的表面数据、引起的内部数据也将发生变化。由此可见，由于身体机能能力的不同，同样的负荷可以产生不同的效果。因此，在体育教学中不能固定不变地仅从某些表面数据来衡量运动负荷的大小，还要看机体内部机能能力的变化情况。这就要求加强医务监督。

3. 负荷应与休息合理地交替

身体机能能力的提高，不仅取决于练习时间的长短和紧张程度，而且取决于机体的恢复，适宜的休息。因此，应使负荷与休息合理地交替。休息时间和次数应根据教学任务、学生的机能状况而定，同时要考虑到学生的生理和心理特点。同样的负荷，有锻炼基础的学生比基础差的学生恢复得快；不同性质的练习，其恢复的时间也不同，速度、灵敏练习后的休息时间可相对短于力量、耐力练习后的休息时间。休息的方式有积极性和消极性两种，积极性休息是指通过放松性质的身体练习，加速有机体机能水平的恢复；消极性休息也就是安静的休息。通常把两种休息结合起来，以积极性休息为主，先进行积极性休息，然后进行消极性休息，以取得较好的效果。

4. 根据教学任务、学生特点、教材性质以及有关因素，合理安排运动负荷

一堂体育课运动负荷的大小，要考虑教学任务和要求。如复习课和新授课，由于教学任务和要求不同，虽然教材相同，运动负荷大小却有所差异。一般来说，复习课比新授课的负荷要大。高年级、身体素质好和体育基础好的教学班要比低年级、身体素质差和体育基础差的教学班的负荷大。同一教学班中，运动负荷的大小应以绝大部分学生的承受能力为准，但针对男女生和不同体质的学生应有不同的要求。教材性质不同，运动负荷的大小和特点也不同，如短跑和体操，前者强度大、密度小，而后者强度不大，但量要求较大。

此外，学生的作息制度、营养条件和其他体力活动的负担以及作业场所的气候因素和卫生环境等，在安排运动负荷时也应给予考虑。

二、从实际出发原则

从实际出发原则是指体育教学任务的确定、教学内容的选择、组织教法的运用和运动负荷的安排都要符合学生的身心发展、体育基础、场地器材、季节气候等实际情况。

从实际出发原则是根据学生身心发展的客观规律提出来的。体育教学的对象是处在生长发育中的青少年儿童，他们的年龄、性别不同，其生理、心理发展水平各异，而体育的基础、身体发展水平差异就更大。同时我国学校在场地、器材、设备等方面存在极大的不平衡性。在组织实施体育教学工作时，只有从学生的年龄、性别、体育基础、身体发展水平以及学校的场地器材、季节气候等实际情况出发，才能取得良好的教学效果，更好地完成体育教学任务。

贯彻从实际出发原则应注意以下几点：

1. 深入调查研究，切实掌握学生的具体情况

教师要通过各种途径和方法，全面了解和切实掌握学生对体育的认识、兴趣爱好、组织纪律、体育基础、身体发展水平、接受能力以及学习、生活情况等。

不仅要了解教学班级的一般情况即共性问题，还要了解个别学生的特殊情况即个别问题，以便在教学中作为从实际情况出发的根据。

2. 根据学生的实际情况确定教学任务、选择组织教法、安排运动负荷

确定教学任务、选择组织教法以及安排运动负荷，都要有针对性，并符合学生的实际水平和接受能力。任务、要求提得过高，选择的教材内容过难，组织教法和运动负荷不切合学生实际，超过了学生的实际水平和接受能力，不仅教学任务难以完成，还会造成不良后果，甚至发生伤害事故。但教学要求也不宜降得过低过易，过低过易不仅会降低学生学习的积极性，同时也影响技术、技能的提高，以及达不到提高身体素质的实际效果。从学生实际出发，不是降低要求，而是根据学生的实际水平确定教学任务、内容、组织教法和负荷。它们应是学生经过一定的努力，克服一定困难后能够达到的。

3. 一般要求与区别对待相结合

在一个教学班内，绝大部分同学的年龄、体质、体育基础相近似，但也有少部分同学与大多数同学存在着显著的差异。要使教学工作取得良好的效果，就必须既要照顾到一般学生的情况，又要兼顾到少部分同学的特点。这就要求在一般要求的基础上，针对不同学生的不同情况，实行因材施教，把一般要求与区别对待结合起来。

一般要求与区别对待，应贯穿在课的任务的确定、教学内容的安排、组织教法的选择以及运动负荷的设计的全过程。一般要求是根据教学大纲的基本要求确定的，并且是全体学生都要达到的要求，它反映了青少年发展的共同规律，教师应把主要精力放在完成一般要求的教学活动上。但对那些完成一般要求有困难的学生，应切实采取有效措施，区别对待，使之逐步达到一般水平，完成体育教学大纲规定的任务。而对于完成一般要求还不满足的学生，则要提出较高的要求，使他们掌握更多的知识与技能，进而更有效地提高身体素质、增强体质。如在教学过程中，在对一般学生提出要求的基础上，对于那些身体素质、技术、技能等方面较好的学生，可让他们独立完成动作，并在完成动作的质量和数量上，适当地提出更新、更高的要求。而对少数身体素质、技术、技能等方面都较差的学生，则要多注意保护与帮助，采取一些特殊的教法步骤和辅助练习，使他们能够达到教学要求。

4. 考虑地区、季节、气候和教学的场地、设备、器材情况

体育教学的环境基本是在室外（室内场馆的比例极少），教学的内容受着季节气候、地区特点等影响较大。同时，体育教学需要一定的场地、器材作为必需的基础条件。可见，在一定程度上，季节、气候、场地、器材影响着体育教学的效果。因此，教师要掌握教学场地、器材、设备的使用数量，了解本地区的季节及气候变化的一般规律，从实际情况出发，充分利用现有的场地、设备、器材，安排好体育教学的各个方面。

三、为终身体育打基础原则

为终身体育打基础原则是指，在体育教学过程中，教师在确立教学目标、安排教学内容、选择教学方法和实施教学评价时，都力求将当前的教学活动同终身体育思想相结合，使教学效果能为学生的终身体育在知识、技能、意识、习惯、方法等方面打下坚实的基础。

为终身体育打基础原则是根据社会发展的需要和教学改革的需要提出来的。21 世纪社会需要的人才类型是具有较高的思想道德素质、文化素质、心理素质和体育素质及具有综合能力的全面和谐发展的人才。因此，在体育教学中，应考虑使学生对体育形成兴趣，掌握一定的体育知识、技术和技能，为今后走向社会能够继续从事体育锻炼、强身健体打下良好的基础。只有这样，学校体育才能更好地发挥在人才培养中的作用。2000 年以来所进行的中小学体育教学改革，对培养学生参与体育活动的兴趣和爱好，形成坚持锻炼的习惯和终身体育的意识提出了特殊的要求。而在高等院校的体育教学改革中，也将养成学生锻炼的习惯和掌握锻炼方法作为主要的教学目标。而这些的目的都是实现体育教学为终身体育打基础的教学目标。

贯彻为终身体育打基础原则应注意以下几点：

1. 注意短期效益与长期效益相结合

体育教学中，在制订全年计划、学期计划、单元计划以及课时计划时，既要考虑在校期间学生的发展，同时还要满足学生走出校门后在体育知识、技术、技能以及体育兴趣、锻炼意识等方面的需要。应始终将学生在体育方面的长远发展纳入各级计划之中。

2. 教学中教给学生体育学习的方法

一个人在从校园走向社会的时候，如果他想终身从事体育锻炼，不仅要具备锻炼的习惯、锻炼的意识、锻炼的技术和技能，同时还需要具备锻炼的方法。而这些，都需要在学校体育过程中尤其是体育教学过程中获得。可见，掌握体育学习的方法和掌握体育的知识、技术、技能同等重要，这就要求体育教师在教学中应不遗余力地教给学生进行体育学习的方法。

3. 注意培养学生的体育兴趣和体育意识

一个人只有对某件事情产生浓厚的兴趣，才能激发其坚持不懈地做这件事情的积极性。而有了锻炼的意识，才能逐渐培养起锻炼习惯。在教学中，教师要善于发现学生的体育爱好与技术特长，并加以引导、培养，以此来激发学生对体育学习的兴趣，为学生终身体育奠定基础。同时，体育教师应重视对学生体育意识的培养，使学生对体育锻炼产生浓厚的兴趣。

四、全面效益原则

全面效益原则是指，体育教学过程中，在选择体育教学内容、确定体育教学目标等方面，应结合体育教学的多方面功能，在培养学生掌握体育知识、技术、技能和培养体育兴趣、养成锻炼习惯、形成体育意识等方面获得综合效益。

全面效益原则提出的依据是体育教学目标的要求和体育学科的多功能性。体育教学目标要求学生在体育学习中，不仅要获得体育与健康的知识和技能，还要全面提高身体素质，增强体质，提高身体健康、心理健康和社会适应能力等方面的水平。体育学科作为学校教育的重要组成部分，其教学内容反映着一定的文化，这也决定了体育学科具有多方面的功能。体育教学作为传递体育学科文化的主要渠道，具有强身健体、愉悦身心、提高智力、培养顽强的意志品质、提高艺术能力、扩大社会交往等功能。体育教学中，只有充分发挥这些功能，才能获得教学的全面效益。

贯彻全面效益原则应注意以下几点：

（1）结合体育学科特点，在安排体育教学内容时，要适当安排一些理论内容，使学生掌握一定的理论知识，同时还要选择一些技术类的教材内容，满足学生学习体育技术、技能的需要。

（2）在选择体育教学方法、教学组织形式时，要考虑学生全面发展的需要。要考虑到所选择的教学方法和组织形式既能使学生掌握基本知识、基本技术和基本技能，又有利于学生的身体健康、心理健康，同时也不能忽略学生体育意识、习惯的培养。

（3）体育教学评价中，不仅要注意学生体质、体育知识技能的提高，而且要注意其道德、心理意志品质的发展，社会适应能力的增强。

五、健康性原则①

健康性原则是指在体育教学中必须围绕增进学生健康这一目标来开展教学。从教学内容的确定到体育教材的选编，从教学方法的选择到教学手段的运用，都将渗透这一原则，在体育教学中，教学的重点不仅指向学生的身体的发展，而且更要指向学生的心理发展与完善，促进学生身心协调健康的发展，过去对体育教学偏重生物观，现在更要从心理的、社会的、生物的观念去全面认识体育教学。

贯彻健康性原则应注意以下几点要求：

1. 重构学校体育内容

从客观上分析，学校体育包括体育教学、课外体育活动（包括早操、课间操、课外体育锻炼、运动训练和竞赛）等内容，其中体育教学是学校体育的重心，但在实际操作过程中，由于体育教学组织和评价的复杂性，使得学校体育的评价中突出的是运动训练和竞赛（特别是竞赛）这一在评价中最具客观性的内容。因此，各类学校将重点转移到运动训练和竞赛方面来，与之相适应的各类竞赛活动呼之欲出，本是用来促进学校体育发展的运动会反而成了学校体育发展的阻碍因素，各级各类学校投入大量的人力、物力和财力来应付各类竞赛活动，而使学校体育的重心——体育教学和课外体育锻炼被忽视，作为学校体育组成部分（形式）——体育课，对贯彻健康性原则只能起一个引导作用。而运动训练和竞赛不可能照顾到绝大多数学生。因此，学校体育的重心应由体育教学或运动训练转向课外体育锻炼。各级教育（体育）行政主管部门应加大这方面的引导和管理

① 蒋新国．新课程标准理念下体育教学原则的补充与完善［J］．广州体育学院学报，2005（1）：114-117.

力度，从教材选编、组织管理、评价等多方面加以指导。

2. 改变“传习式”的教学模式

无论是哪种形式的体育教学改革，都没有从根本上改变过去那种“传习式”的教学方式，而改革的只是在教学手段、教学组织形式等方面。要使教学变成“学生要学什么，教师就教什么”这样一种教学模式，学校体育重心要由课堂体育教学转向课外体育活动，学生会有更大的自由度，有更大的自由选择内容、方法、手段的空间，学生学会1、2项终身享用的体育项目就可以了。因此，体育教学应为课外体育活动服务，而不是相反，但长期以来，课外体育活动成了课堂体育教学的补充和延伸，严重影响了学生积极参与课外体育活动的主动性。健康性原则要求的对象是学生，而不是教师。贯彻健康性原则是体现在学校体育的整个体系中，而不是其中的某个方面。目前，我们的学校体育在教材选编、组织管理、评价等方面考虑的大多是教师要求，对学生的要求只是满足达到怎样的一个身体评价指标和运动技能，这种追求客观的所谓的量化标准，在某种程度上起到了促进学生练习积极作用，但更多的是使学生产生一种以这个量化标准为目标的思想，这更多地影响了学生的发展。因此，要贯彻健康性原则，就必须促使学校体育重心由体育教学向课外体育活动转变。学生的体质、身心健康应成为衡量学校体育卫生工作质量的最重要的指标。

3. 面向全体学生

作为被教育者，每一位学生都同样有接受教育的权利，作为学校教育一部分的学校体育也不例外，需要面向全体学生。健康性原则更是要求学校体育的对象是全体学生，长期以来，学校教育是以应试教育为主，应试教育的实质是一种“精英教育”，在教育过程中不断淘汰落后者，学校体育也不例外地受其影响。学校体育以竞技运动为主体内容，从教学内容的选择、教学方法的运用到学校体育工作的评价，都是以竞技运动为主要标志，特别是运动竞赛成绩在很大程度上作为衡量一个教师、一所学校体育工作成绩的主要评价指标，使得体育教师和学校将大量的精力投入运动训练和竞赛方面。对绝大多数学生而言，掌握相关的竞技运动技术固然必要，但事实上，他们并不都有要掌握那些可望而不可即的运动技术的欲望，难度大、要求高，使学生对体育课有一种畏惧的心理，并且对学生的健康成长也不一定是有利的，面向全体学生，不是要求教师或学校对每一个学生用同样的要求或标准，而是要根据学生的实际健康水平和身体情况，有针对性地运用不同的教学手段。与此相适应的竞技运动训练和竞赛也应根据不同的运动水平来安排，使广大学生都能体会到运动竞赛的乐趣。同时，通过学校体育重心的转移，使学生们在课外体育活动中不仅能感受到运动的乐趣，也能使他们得到健康的身体。

六、主体性原则

主体性原则是指在体育教学过程中，学生始终是体育学习的主体，教师的一切活动应根据学生主体的需要和特点来安排。学生主体应在教师的指导下积极主动地参与教学活动，充分发挥学生主体的自主性、主动性和创造性。贯彻主体性原则的基本要求：

（1）体现主体教育的发展性教学，是在现代教育观念指导下，以学生为主体，通过学生主动学习，促进主体发展的一种教学思想和教学方式。在贯彻主体性原则时，学生和教师要转变观念，树立以学生为主体，“以生为本”的教学观，尊重学生的主体地位和主体人格，培养学生的自主性、主动性和创造性。

（2）体育教学领域中，学生的主体参与程度直接影响着教学效果，学生主体参与意识越强，越有利于动作的形成与巩固。因此，在体育教学领域内，根据学生的身心特点，提高学生的积极主动性，促进学生主动参与，已经成为体育教学的新时尚。主体性体育教学就是要体现学生的主体地位，发挥学生自我监控、自我调整的主体作用，激发学生的主体意识，让学生主动参与到教学活动中。主体参与意识就是要诱发学生的主体意识，提高学生自知、自控、自主的参与程度，发挥学生的主体作用，展示学生的主体人格，体现学生的主体价值，让学生在参与中学会学习，学会创新，学会合作。体育教学中，要积极调动学生的主动参与精神，让学生主动地参与锻炼和练习，积极思维，产生学习体育的欲望，做到人人都有学习的欲望，人人都有参与的热情。教师要把握好学生参与的时机，选择适合于学生参与的内容，教学的每个环节都要精心设计，让学生尽可能地参与。

要培养学生的主体意识，发掘其自身价值，进行自我教育和自我调控，实现自我价值。

（3）现代教学思想强调学生的经历、经验和体验，尤其是引导和帮助学生获得成功的积极情感体验，这有利于促进学生良好的个性发展，在体育锻炼上达到真、善、美的统一，为终身体育打好基础。在体育教学中，应为学生创设成功的机会，使学生获得成功的体验，享受成功的喜悦，激发学生的求知欲和学习动机，发挥学生的主体作用，体育教学的成功受学生自身运动基础和生理条件的影响很大，学生的兴趣和爱好也各不相同，教师要根据学生的差异，因人而异地安排运动项目，调整运动强度和锻炼时间，给学生足够的自主权，最大限度地发挥学生学习的自主性。体验成功的策略：一是相信每个学生都能在体育上有取得成功的条件；二是通过各种体育活动充分信任、关怀、引导学生取得成功；三是创设良好的体育教学硬、软环境，为学生在体育上取得成功创造条件。

（4）在体育教学中，教师要承认学生的个体差异，重视学生的个性发展。差异是客观存在的，不同的学生有不同的成就感，学生的体育基础、兴趣爱好及生活经验也各不相同。面对有差异的学生，体育教师要最大限度地发现、利用、挖掘他们在体育上的潜能，实施有差异的教学，从个性差异中揭示学生作为个体的独特性，使每个学生都得到有效的发展。促使差异学生发展的策略：一是要注重感情投资，消除体育活动中的感情障碍；二是运用积极归因，转变自我认识；三是实行开放式教学，让不同基础的学生在体育上都有提高；四是了解差异所在，进行分类指导；五是利用成功体验提高动机水平。

上述六个方面的教学原则是一个完整的体系，它们互相联系，互相补充，只有全面地、综合地贯彻各项教学原则，才能获得良好的教学效果。

最后需要指出的是，人们对规律的认识决定了对原则体系的确定，随着人们认识的深化，会对原则有新的认识，同时不断提出更新的、更恰当的原则。因此，原则的稳定是相对的，随着体育教学实践的发展、教学经验的积累和人们认识的深化，体育教学原则体系将会不断地得到充实和发展。

◎ 讨论与思考：

1. 如何理解体育教学原则？
2. 一般性体育教学原则有哪些？
3. 特殊性体育教学原则有哪些？
4. 在体育教学实践，贯彻特殊性体育教学原则有何要求？

实 践 篇

第五章　体育教学模式设计与案例分析

☞ 引言

“模”是模子的意思，“式”是样式的意思，体育教学模式就是有特色的体育教学过程的模子和样式。教学模式是实现体有教学目标的不同的道路，体育教学模式有着自身的结构，它与体育教学的指导思想、体育教学过程、体育教学方法都有着密切的关系，但又不等于体育教学过程和方法，它更与体育教学风格、体育教学内容等有着重要的区别。

☞ 学习目标

通过本章的学习，使学生了解体育教学模式的含义，分析体育教学模式的性质和特点，熟悉几种较成熟体育教学模式，针对不同教学内容设计不同教学模式，并能加以有效运用。

第一节　体育教学模式概述

一、体育教学模式的含义

早在古代中国和西方的教学思想和教学实践中，已含有教学模式的雏形。正式提出教学模式（model of teaching）定义的是20世纪70年代美国哥伦比亚大学的乔伊斯和威尔（B. Joyce & M. Well）。1972年他们出版了《教学模式》一书，系统地介绍了23种教学模式，并用较为规范的形式进行了分类研究和阐释，“试图系统地探讨教育目的、教学策略、课程设计和教材，以及社会和心理学理论之间的相互影响，以设法考察一系列可以使教师行为模式化的各种可选择的类型”。他们给教学模式所下的定义是构成课程（长时间的学习课程），选择教材，指导在教室和其他环境中教学活动的一种计划或范型。

国内关于教学模式的定义概括起来有以下几种：

第一种教学模式是“在教学实践中形成的一种设计和组织教学的理论，这种理论是以简化的形式表达出来的”，可称其为“理论说”。

第二种教学模式是“在一定的教学思想或理论指导下建立起来的各种教学类型活动的基本结构或框架”，可称其为“结构说”。

第三种“教学模式是在一定教学思想指导下建立起来的为完成所提出教学任务的比较稳固的教学程序及其实施方法的策略体系”，可称其为“程序说”。

第四种“常规的教学方法俗称小方法，教学模式俗称大方法。它不仅是一种教学手段，而且是从教学原理、教学内容、教学目标和任务、过程直至组织形式的整体和系统的操作样式，这种操作样式是加以理论化的”，可称其为“方法说”。

不管有多少种关于教学模式的定义，都是一种对教学模式所包容的含义进行分析和判断，力图建立起对教学模式的概念框架。但是，应该全面地把握教学模式：第一，模式不是方法，它与讲授、谈话等教学方法显然不属于同一层次；第二，模式不是计划，计划只是它的外在表现，仅此不足以揭示其内含的教学思想或意向；第三，模式也不是理论，它还包含程序、结构、方法、策略等，远比纯理论丰富得多的东西。因此，可以把教学模式理解为开展教学活动的一整套方法论体系，在定义体育教学模式时可认为：体育教学模式是在一定教学思想或教学理论指导下建立起来的，较为稳定的教学活动结构框架和活动程序。它是教学理论的具体化，又是教学经验的一种系统的概括，它既可以直接从丰富的教学实践经验中通过理论概括而形成，也可以在一定的理论指导下提出一种假设，经过多次实验后而最终形成。① 它主要体现在一个教学单元或一节课的设计与实施上。也就是说，一种教学模式适合某一个教学单元或某一节课，伴随着这个单元或课的结束，这种教学模式的使用也就结束了，因此不存在万能的教学模式。

---

① 黄甫全，王本陆．现代教学论学程．北京：教育科学出版社，1998：331.

二、体育教学模式的结构

（一）理论指导

任何教学模式都是在一定教学理论指导下提出来的，体现了一定的价值取向。理论可以是某一具体流派的理论，也可以是某种教育、教学思想。一般来说，一种体育教学指导思想会有一个相对应的教学模式，但有时也会出现一种体育教学思想有几个教学模式，或一个教学模式为几种教学思想所指导的现象。无论怎样，教学指导思想必然反映在其教学模式的基本结构中。如主张培养学生发现问题和解决问题能力的教学思想必然存在于“发现式教学模式”中，必然有“学生提出假设”“边验证边学习”“讨论”“提出答案”等独有的教学环节，这些教学环节充分地体现了发展学生能力的教学思想。再如自主学习的教学模式，其指导思想以学生发展为本，在教师的指导下充分调动学生的内部机制，积极引导学生主动参与教学过程，发挥学生学习的主动性、积极性和创造性，培养学生发展性认知能力、发展性心理能力和体育实践能力，形成主动获取体育知识技能的意识和态度，满足学生对体育运动的心理需求。有些体育教学模式是在长期教学实践中形成的，可能在开始时没有明确的理论依据和指导思想，但在对教学经验进行系统分析、总结和概括时，发现总会有一定的理论指导依据。无论是从某种教学原理演绎出的体育教学模式，还是从实际的教学经验中提炼出的体育教学模式，都应有一个鲜明的理论指导贯穿其中，决定着教学模式的其他构成因素，产生相应的系列概念。

（二）主题

在一定的理论指导下，每一种教学模式都有一个突出的主题。理论指导就像是一根主线，贯穿和主导着整个模式体系，支配着模式的其他构成因素，并产生与主题相关的一系列概念范畴。比如问题教学模式的主题是“问题性”，这一主题不仅制约着问题教学模式的目标、程序、方法及其内容，而且产生了诸如“问题情景”“学习性问题”等一系列概念。

（三）功能目标

任何一种教学模式都是为完成一定的教学目标而创立的，目标是教学模式的核心因素，对其他因素有制约作用。如小群体教学模式是以培养学生的社会意识和社会能力为目标；非指导教学模式是以培养学生自我认识、自我实现、自我教育能力为目标，合作教学模式的目标是使学生具有民主精神、独立人格和创造才能；发现探究教学模式的目标是培养学生的创造能力，使他们成为研究者和创造者。任何教学模式都有一定的目标，它使主题更进一步具体化，是设计教学模式程序和操作体系的依据。

（四）操作程序

操作程序指体育教学过程纵向结构中各阶段、环节、步骤之间的相互联系。任何体育教学模式都具有一套独特的操作程序和步骤。由于体育教学过程中既有教材内容的展开顺序、教学方法的交替运用顺序，又有内在的复杂心理活动顺序，一般是从不同侧面提出教学活动的基本阶段及其逻辑顺序。操作程序只能是基本的和相对稳定的，而不是僵化和一成不变的。

（五）师生角色与教学策略

在体育教学过程中教师是教学的主导，而学生是学习的主体，他们的活动是相互统一的。在这种活动中，教师和学生分别占据一定的地位，扮演不同的角色。以教师为主、以学生为主和师生互动三种不同的教学模式，就教师和学生的不同地位和作用而言，具有不同的师生组合和互动方式，策略是为目标服务的一系列方法、手段、技巧等。

（六）内容

体育教学模式的内容是指每一种模式都具有适合自己主题的课程设计思路和方法，不是指课程标准和教材的具体教学内容。例如，范例教学在内容上主张三个特性：基本性、基础性和范例性，而发现教学的模式则强调课程内容的结构性。

（七）实现条件

实现条件是指促使教学模式发挥效力，达到一定功能所需要的各种条件。任何教学模式都有其特定的条件，只有在这些条件得到满足时，教学模式才能发挥其效用。教学模式的实现条件包括多方面的内容，有对教师和学生的要求，也有对教学材料、教学媒体和教学时空的要求等。比如，掌握学习教学模式，即将决定学习结果性质的三大变量——认知前提行为、情感前提行为、教学的质量作为模式实现的条件。意义学习教学模式，要求教学材料本身具有逻辑意义。布卢姆指出："有利的学校条件能使大多数学生很好地进行学习，并从学习中获得满足。"认真地研究并保障教学模式的实现条件，可以更好地掌握和运用教学模式，成功地达到预期的目的。

（八）教学评价

教学评价是教学模式的一个重要因素，它包括评价的方法和标准。教学模式的目标、程序和条件等不同，评价的方法和标准也就不同。一个教学模式一般都要规定自己的评价方法和标准。比如，罗杰斯的非指导教学模式规定主要实行学生的自我评价；掌握教学模式采用诊断性评价、形成性评价和终结性评价三种形式，尤其强调形成性评价的作用。

上述因素在一个教学模式中各自占据不同的地位，起着不同的作用，具有不同的功能。它们之间彼此联系，相互蕴含，相互制约，共同构成了一个完整的教学模式。其中，理论指导是教学模式得以建立的基础和依据，它对其他要素起着导向作用。功能目标是教学模式的核心，它制约着操作程序、师生组合、教学内容和条件等，也是教学评价的标准和尺度。操作程序是教学模型实施的环节和步骤，师生组合是教学模式对教师和学生在教学活动中的安排方式。实现条件保证着教学模式功能的有效发挥。教学评价能使我们了解教学目标的达成程度，并对活动过程进行反馈和监控，从而对操作程序和师生活动方式等进行调整或重组，使教学模式能更为有效地达到教学目标。一般说来，教学模式都包括这些基本的因素。至于各个因素的具体内容，则因教学模式的不同而大有差异。

三、体育教学模式的特点

随着理论研究的深入和教学实践的发展，出现了多种教学模式。要想准确地认识和有效地利用体育教学模式，把握其特点是十分必要的。体育教学模式呈现出了多样性和层次上的差异，不同的教学模式仍然具有一些共同的特性：

（1）整体性。是教学现实与教学理论的统一，是教学理论、教学目标和内容、实现条件、教学程序和评价五个要素的统一，指向整个教学过程。

（2）指向性。不存在任何一种普适性的教学模式，在构建和运用教学模式时，必须考虑其特定性能和运用条件。

（3）简约性。用精练的语言、明确的符号或象征图像来反映。

（4）操作性。是具体化了的教学思想或理论，便于操作和把握。

（5）稳定性。是大量教学实践活动的理论概括，在一定程度上揭示了教学活动具有的普遍性的规律。

（6）评价性。教学模式是一个完整的系统，具有完整的教学结构，它的每一过程都是可以评价和反馈的，形成性评价在其中起着十分重要的作用。

四、体育教学模式的功能

体育教学模式是设计、组织和调控体育教学活动的一整套方法论体系，它以一种成熟的理论来指导实践，又用一种成熟的经验来丰富理论，它是沟通理论与实践的桥梁，有利于改变教学理论和实际相脱离的状况。从体育教学模式本身的作用来说，可以概括为两个方面：

1. 从理论转化为实践的功能

从理论的角度看，即使是完全正确并有现实意义的体育教学理论，如果不以某种较为通俗、便于参照执行的形式作为载体，教学管理者、广大教师和其他从事教育实践的教育工作者也不太容易接受。体育教学模式是体育教育理论应用于体育教学实践的转化环节，它为某一个主题所涉及的各种因素和相互关系提供一个比较完整的结构，其中包括可供达到某一体育教学目标的必备条件和实施的程序及方法。它具有典型性、参照性、多样性，可供教师在设计和组织具体的教学活动时进行参考，使教师对教学过程有一个整体的、清晰的认识和把握。教学模式还能帮助教师预见预期的教学效果。

2. 从经验升华到理论的功能

体育教学模式能通过教学实践提升为教学理论。体育教学模式不仅可以从理论演绎而来，而且也可以使来自实践的活动升华。它不仅能对教学实践中的教学活动方式进行优选、概括和加工，而且在形成时就包含有一定的预测和设计。可以说，体育教学模式既来自实践，又高于实践，对具体的教学经验加以逐步的概括和系统的整理，便可以通过体育教学模式的形式上升到体育理论。从这个意义上说，体育教学模式可以为体育教学理论的充实和发展提供素材，因此它是由个别的教学经验转化成一般理论的中介环节。

正是由于体育教学模式具有以上两个转化功能，因此它有助于改变体育教学理论和实际相脱离的状况，形成体育教学理论和教学实践的良性循环。学习和研究体育教学模式既是教学实践的需要，也是体育教学理论研究发展的需要。

五、构建体育教学模式的基本要求

（一）教学理论与教学实践相结合

在构建体育教学模式的时候，要以科学的教学思想、教学理论为指导，遵循学生的认知规律、运动技能形成规律、运动负荷规律、情感体验规律等，经过逻辑演绎，推演出一种符合体育教学过程结构的体育教学模式，然后用严密的教学实验证实其科学性、可操作性和实效性。在实际工作中，体育教育科研人员根据已提出的教学模式假说，进行实验性运用研究，形成了一些操作性较强，有一定特色且较成熟的体育教学模式。从某种意义上说教学模式既是某种教学理论在特定条件下的一种表现形式，也是某种教学经验的升华。正是教学模式的这一特性使它能较好地充当理论与实践经验之间联系的中介和桥梁。

（二）建构的教学模式应具有较稳定的操作程序

教学模式是便于把握和运用的具体程序，为了便于教师的操作要确定与教学内容和教学过程结构相对应的教学方法体系，通过相应的教学方法体系的运用使教学过程具有很强的操作性并使其程序化。所建立的某种教学模式要能够推广使用就必须相对稳定，这种稳定性取决于教学程序、教学过程结构和教学方法体系的确定。如“选择制”体育教学模式，“自主、合作、创新”体育教学模式，“超市型”高校体育教学模式。

（三）建立的教学模式要有独特功能和使用范围

教学目标的多元性、教学内容的丰富性和教学过程的复杂性决定了教学模式的多样性。要根据建立教学模式的指导思想来确定某种教学模式的功能和适用范围，使教学模式具有很强的针对性，追求“万能模式”是不客观的。特定的教学模式要达到特定的教学效果，因此，每一种教学模式都要有其明确的效果评价标准。

第二节　几种较成熟的体育教学模式与案例分析

一、运动技能掌握式教学模式

（一）运动技能掌握式教学模式的产生背景

运动技能类教学模式主要沿袭了苏联教育家凯洛夫的教育思想和教学模式，主要遵循学生认识事物的规律（从感性认识上升到理性认识），运动技能形成规律（粗略掌握动作阶段—掌握动作阶段—自动化阶段），将教学过程细分为感知—理解—巩固—应用等几个阶段，该模式十分重视教师的主导作用，以教师为中心、为主导。传统的运动技能类教学模式侧重于本体化的加工信息，即重视从运动技能形成角度来教学，把示范、讲解、练习、纠正错误动作、再练习作为教学的程序或过程，从而形成了传统的运动技能教学模式或程序式教学模式。

（二）运动技能掌握式教学模式的指导思想

运动技能掌握式教学模式的主要目标是通过运动技术的学习，达到掌握运动技能的目的。运动技术是指“能充分发挥人体机能能力，合理有效地完成动作的方法”，对于各项运动项目而言，青少年学生对它既感新鲜，又觉困难，因为它只是在电视或比赛中见过，但从未在日常生活中体验过的。因此作为体育教育者，首先应弄清动作技术的特征及其规律，才能有效地实施教法，教给学生。学习运动技术，掌握运动技能是该模式的指导思想，它的主要理念是通过运动技术的分段学习和细化学习，使学生初步学习运动技能，并使运动技能的掌握达到自动化的程度。因此运动项目的技术结构、过程及其规律便成了该教学模式的理论依据，其中体育教学单元设计、细化的课次设计都需按运动技术的结构来设计与安排。

（三）运动技能掌握式教学模式的操作程序流程图

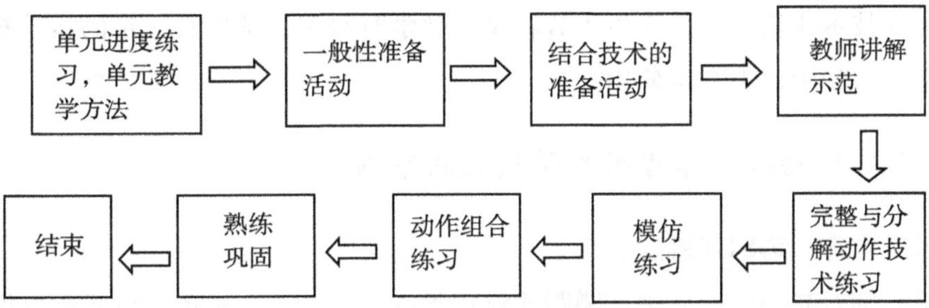

图 5-1 运动技能掌握式教学模式的操作程序流程图

（四）运动技能掌握式教学模式的优缺点分析

优点：运动技能掌握式教学模式能充分发挥体育教师的主导作用，按运动技术结构循序渐进地进行教学，并安排细致的教学步骤，对学生学习较难的运动技术有相当大的好处，是一种典型的传习式的体育教学模式。

缺点：在长期的体育教学实践过程中，运动技能掌握式教学模式一直以来是体育教学的重点所在，且沿袭至今，其主要的缺点表现在：

（1）教学中教师给予学生的是直接的正确答案，学生对为何要学缺乏正确的理解，从而影响了学生的主动性与积极性。

（2）从教学方法来看，该模式比较单调，缺乏趣味性，从而影响了学生的情绪。

（3）不重视学生的思维过程的开发，不注重比较同类或相似运动技术间的区别与联系，造成了运动技能间的干扰现象。

（4）由于运动技术项目的多样性，造成了各运动技术学习时数的严重不足。因而该教学模式影响了学生重复练习的时间，加上课外锻炼的有名无实，要使学生完全掌握运动技术是不可能的，该模式在实际教学中教了许多运动项目，但学生实质上却没有一项运动技术能达到熟练掌握的程度。

（5）过多地考虑运动技术细节，忽略了学生主观能动性，因此学生的积极性、兴趣、热情不易被调动，反而会产生厌倦等消极情绪。

（五）运动技能掌握式教学模式的适用条件

运动技术比较复杂，学生人数较少，教学时数多，学生有一定的运功技能基础，适宜于初中以上学生使用。

（六）运动技能掌握式教学模式的案例

教学内容：蹲踞式跳远。

某教师对初一的学生进行蹲踞式跳远教学，如图 5-2 所示，单元由 6 课时组成，教学内容为学习蹲踞式跳远技术，按难易程度教授技能的顺序为：助跑—踏跳—空中动作与落地—实践应用—自由发挥—技术动作评价，每次上课先进行一般性准备活动，再进行结合跳远技术的辅助性活动，然后讲解跳远的要领并示范，随后是学生练习，教师纠正错误动作，学生再反复体验练习，然后放松活动，最后对蹲踞式跳远的技能学习情况进行总结评价。

图 5-2　蹲踞式跳远

二、快乐体育的“目标学习”教学模式

（一）快乐体育的“目标学习”教学模式的产生背景

日本学者认为：“快乐体育教学是重视每一个不同运动所具有的乐趣，并可以愉快地从事运动学习，把运动中内在的乐趣作为目的内容来学习的一种体育。”同时认为其基本宗旨是：“把运动作为追求的目标而不仅仅是手段，把运动作为学生将来生活的内容来教给学生，让他们能够理解、享受、掌握和创造运动，使运动文化成为自己生活内容中不可缺少的一部分，直至终身。”

快乐体育的追求目标是蕴藏在体育运动中的无穷乐趣，而体育中的乐趣是独有魅力的，是体育的生命。因此，我们对现有的体育教材要重新认识和分类，构建新的教材体系，有目的、有计划地使学生体验不同教材的乐趣，从中认识体育运动的本质，体验运动的特点，增加体育教学的深度。

快乐体育从日本引入以后，国内如重庆、湛江、济宁等地区也有过有关快乐体育教学的探索。他们的主要经验是：在社会主义阶段，从思想上把快乐体育作为进行素质教育的突破口；从场地和器材（有很多是因陋就简，但是很实用，美观、安全、摆放有序）上满足学生锻炼的各种各样的需要，建立了“快乐体育园地”（其中有快乐树、快乐墙、快乐坡、快乐角等），在实践上将单调技术传授改变为丰富多彩的体育活动；在认识上变少数人的竞技比赛为全体学生的锻炼。国内学者认为快乐体育教学是以运动为基本手段并采用适宜的教法，在发展学生身体的前提下，使学生得到理性的快乐体验，即以快乐心理体验为直接（显性）目标的体育教学，其作用是能够较好地提高学生体育学习的兴趣，养成锻炼的习惯。其特点是通过教师的指导使学生在乐中学、在学中乐，强调学习者的学习兴趣和成功体验。其教学过程是从体验发现到挑战学习，再到总结创造，强调不仅体验运动的乐趣，而且有学习、挑战、交流、创造等多种心理体验。

为了保证绝大多数学生能达成课程目标，使每个学生都能体验到学习和成功的乐趣，促进学生不断进步和发展，《体育与健康》新课程的设计改变了传统的按运动项目划分课程内容和安排教学时数的框架，而是根据三维健康观、体育自身的特点以及国际体育课程发展的趋势，在确定课程总目标的基础上，从运动参

与、运动技能、身体健康、心理健康与社会适应四个方面描述具体目标，并根据课程目标体系构建课程的内容标准。同时将内容划分为必修和选修两部分，学校、学生可以自主地选择教学内容。按标准的框架，学校、教师在确保学科总目标的前提下，可根据具体学情况，选择可操作的学习目标和学习内容。由此，教师在教学之前的教学准备显得相当重要。但是，在标准实验的几年中，出现了许多令一线教师困惑的问题，尤其是在处理运动技能的学习和体验乐趣这对长期以来相互冲突与矛盾的关系上，许多体育教师不知该如何使两者合二为一，真正使学生在体育课堂上能生动、快乐、主动地得到身心的全面发展。

其实，在教学中教师是学生能否产生乐趣体验的关键因素，能否选择学生喜闻乐见的内容、能否选择恰当的教学手段、能否多方面激励学生的运动兴趣等，教师的准备和引导是学生获得技能和体验乐趣的有效保障。

《新课程标准》和快乐体育都是站在学生的立场来审视体育教学，从学生的需要出发，以学生为主体，重视学生的学习和体验，以有利于学生的发展为主要目标。在体育实践中，技能的获得和乐趣的体验既是学生希望通过体育活动所获得的，也是体育教育所追求的目标，而学生就是希望通过体育教学这一桥梁来取得运动和快乐的双丰收，教师则是引导、帮助学生以获得丰收的指明灯。

（二）快乐体育的“目标学习”教学模式的指导思想

过去我们学校体育目标受国家政治、经济的影响较大，而《新课程标准》首先从学生的角度出发，站在学生的立场，重新审视了学校体育的价值问题，从运动参与、运动技能、身体健康、心理健康、社会适应五方面具体描述了课程目标，更注重学生的终身体育意识的培养和健康生活方式、态度的形成。体育教学最主要的目的是培养具有一定运动素质和运动文化的人，如同音乐和美术教学，而目前的体育教学，缺乏的正是运动素质和文化等教学内涵，体育教学应回归其原始的、本位的目标，即追求娱乐、追求运动的乐趣。运动素质和运动文化只有在笑声和汗水中才能被潜移默化地接受和内化。运动技能的掌握与运动乐趣的获得从目标而言并不矛盾，没有技能的掌握，学生不可能体验运动的乐趣，不可能达到娱乐的目的，它们是相辅相成的。学校体育教学是以身体练习为主要手段，在掌握一定的运动技能和方法的前提下，应更多地关怀每个学生的不同体验，以强化其运动的兴趣和乐趣的体验。快乐体育教学模式的指导思想具体体现在以下几个方面：

1. 注重整体教学思路，重视单元设计

体育教学犹如一个平台，它承载着认知与方法、运动技能、情感与态度，如果体育教学偏袒了哪一边，它都将失去平衡，影响教学的效果和质量。而大多数教师在实践时，对运动技能的准备较为充分，也开始往重学生的兴趣和体验，但很容易忽视学生的学习方法和运动的相关知识介绍，把学生的认知过程当成了一种陪衬，或者有教学前的准备，在教案教学目标中没有体现，或又在教学实施中把教学评价引导功能搁一边了，使课上得没有生气。体育单元教学可以较好地利用一类相似的运动技术或原理的共性来解决这一问题。例如利用健美操等有氧练习的教学单元，学会一二套操，拥有一定的编操能力是运动技能所要达到的目标，可通过有氧练习的心肺功能要求、编操结构较类似的知识体系和方法，有意识地引导学生掌握这一类的认知规律和学习方法，建立终身体育的能力。

2. 灵活运用多种教学方法营造课堂和谐、合作的教学气氛

要尊重、强调学生的学习主体地位，提倡教学活动中学生认知、情感、行为的高度统一，达到获得运动技能与体验运动乐趣的双赢效果。注重教材内容的创新和迁移，结合教学实际，合理运用激励和其他手段，强调师生之间、学生之间的多向交流，在形式与内容上优化教学环境，培养学生正确的运动价值观与运动行为习惯。教师应利用学生“爱运动”的良好动机，运用多种教学方法让学生充分享受运动的固有乐趣，改变其“不爱上体育课”的不正常现象。

3. 利用自身优势，开发和改造教学条件和环境

无论是新课程理念，还是快乐体育思想，都有相对稳定的教学结构和教法体系，但同时又存在其适应的教学条件和环境。例如，快乐体育教学运用语言法和暗示法较多，需要教师的不断激励和关注。相对而言，低年级的学生较易接受，对班级集体要求有一定的凝聚力，课堂氛围较为活跃等。而新课程要求教师尽可能利用学校自身优势，开发改造教学条件和环境。例如，器材开发，这对教师的教学准备的要求更高了。

（三）快乐体育的“目标学习”教学模式的操作程序流程图

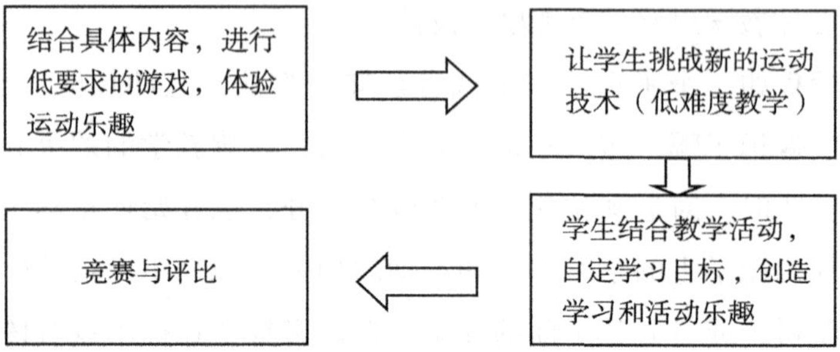

图 5-3　快乐体育的“目标学习”教学模式的操作程序流程图

（四）快乐体育的“目标学习”教学模式的优缺点分析

优点：快乐体育的目的主要着重于发展学生的感情因素，注重学生情感体验，对于改进目前的教学现状有较大的意义。同时还可以在无运动技术要求的情况下增加练习的时间，提高学生运动的能力。

缺点：学习内容易单调，对于学生的兴趣难以长期维持，因此需要体育教师不断变化教学方法与组织形式，以满足学生对体育活动的持续性兴趣与需要。

（五）快乐体育的“目标学习”教学模式的适用条件

（1）体育教师具有较为丰富的教学实践经验，善于开发运动项目的教学方法，手段和方法独特灵活。

（2）教学内容的难度较低，或在教学过程中基本没有技术难度要求。

（3）学生对于一些基本的运动练习手段有一定的基础，并有一定的组织创新能力。

（4）比较适合高中年级以下的学生。

（5）教学场地、器材的要求比较高，能满足各组学生的教学与练习活动。

（六）快乐体育的“目标学习”教学模式的案例

教学内容：跨越式跳高。

如图 5-4 所示，教师对初一的学生进行跨越式跳高教学，单元的前半部分，教师先采用游戏法让学生跨越不同的橡皮筋，充分体验跨越障碍的乐趣。随后逐渐转入跨越式跳高教学阶段，在学习中让学生自定目标，并向各自的目标挑战，体验运动学习的乐趣。在单元的后半部分，教师组织学习小组间的比赛，采用超过自己最好成绩的比例作为得分的相对评价方法，让各小组自定比赛的教学策略，互相帮助，争取胜利。最后，单元结束时教师让学生讨论学习跳高的体会，总结学习成果并以此加深学生对跨越式跳高乐趣的体会。

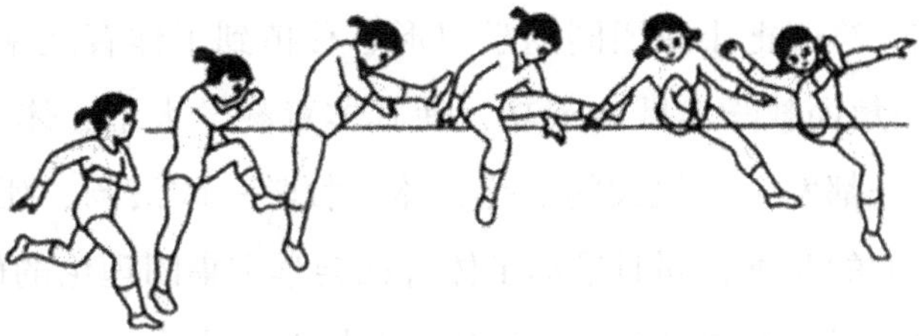

图 5-4　跨越式跳高

三、小群体体育教学模式

（一）小群体体育教学模式的产生背景

社会学认为，群体是个人存在的普遍形式。个人的存在就要通过自身的体力、智力、情感等要素的输出和对他人要素的摄取来表现自己个人的存在，这就要与他人发生联系，聚合成群体。人群活动的基本单位，就是这样和那样的人的组合，即群体。任何群体都具有互助与互争的二重本质，互助是群体的内向本质，互争是群体的外在本质，群体之间往往表现为互争的形态。

规模较小的群体叫小群体，小群体是个人最直接、最重要的活环境，对个人的心理意识、理想的形成、情感的获取都起到决定作用，基本特征是成员接触的直接性——互动。因此，体育教学中的小群教学模式，是把学生分成若干个学习小组，在教师的指导下，同组学生之间、小集团与小集团之间通过互动、互助、互争，增强学生学习的主动性，从而提高教学效率的一种教学模式。

小群体学习法源于日本的“小集团学习”理论。日本体育教学中的“小集团学习”，是在第二次世界大战后产生的，当时，日本的体育由竞技体育转变成了全面培养人，使之成为了教育中的一环，社会性的培养，成为体目标中的一个重要内容，为了使每个学习者的学习内容更加丰富，并且学习自主化、协同化，小集团学习的研究就由此开始了。关于小集团学习的概念，《日本新修体育大辞典》是如下规定的：“小集团学习是学习指导着眼于集团与个人、个人与个人的关系上，把一个班分成几个小组，根据教师有计划的指导，利用小组自主的协同学习，使全体学生经常地、同时地参加学习的学习形态。”最初，小集团学习并不是在体育领域中产生的，而是始于别的学科。1951 年竹之下休藏等人经过 3 年左右的实验研究，终于把小集团同的学习形态移植到了体育上来。日本在 20 世纪 50 年代由于小集团教学实践的成功，使其体育教学大纲、体育教学理论、教学内容和教学方法都发生了很大的变化，体育教学一改沉闷、死板的教学氛围，教学效果有了很大的改善，同时推动了体育社会学和集团理论的研究。我国对这一理论和实践的探讨是在 20 世纪 80 年代，毛振明向广大体育工作者介绍日本学校体育的学习指导形态——小集团学习后开始的。当时，我国的体育教学改革全面展开，“典型”的班级教学形式受到越来越多的“批判”，体育界由此引发了对小群体学习法的探讨。我国体育工作者从教学组织形式改革的角度出发，将理论研究和实践研究相结合，对小群体学习与学生主体性发展的关系进行了积极的探索，并取得了初步成效，出现了较有影响的实验点，形成了相对成熟的小群体教学模式。

（二）小群体体育教学模式教学的指导思想

体育教学中的小群体教学模式，其教学思想的背景比较复杂，但其基本思想是试图通过体育教学中的集体因素和学生间交流的社会性作用，通过学生互帮互学来提高学生的学习主动性，提高学习的质量，以达到对学生社会性培养的作用。要指出的是，小群体学习的模式与以往为提高教学效率和进行区别对待的分组教学是有根本区别的。前者充分考虑了体育教学中的集体形成和人际交流的规律性来设计教学过程。小群体教学模式具体指导思想表现在以下几个方面。

（1）强调组内学生的精神，并团结一致，提高组内的竞争力。

（2）组间学生在条件基本均等的情况下合理竞技，激发学习的兴趣，提高学习的效果。

（3）培养学生胜不骄、败不馁的意识和宽容的态度。

（4）通过学生的互帮互助、合理公平的竞争，发展学生的社会适应能力，提高人的心理健康水平。

（三）小群体体育教学模式的操作程序流程图

小群体体育教学模式的简单教学程序为：教师提出要求—小集团组成—小集团学习—集团间活动—集团解散。具体如图 5-5 所示。

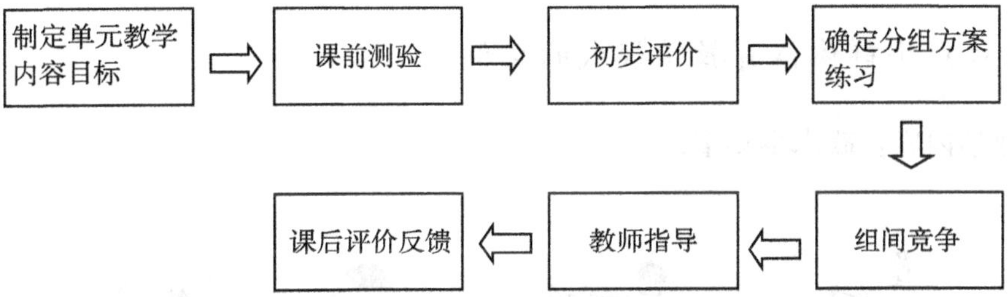

图 5-5　小群体体育教学模式的操作程序流程图

（四）小群体体育教学模式的优缺点分析

优点：小群体体育教学模式注重学生之间的合作性、相容性，同等基础条件下的学生组成一个集团或小组，可以更有效地调动学生学习的积极性、竞争性，也更容易培养与发展学生的社会适应能力，而这种能力的发展对学生在将来从事社会工作非常重要。同时通过同组学生互帮互助，来培养学生的合作能力；异组学生间的竞争可以发展学生的竞技能力、面对困难的挑战能力等。

缺点：由于小群体体育教学模式着重发展学生的社会适应能力，因此在具体的体育教学中要在教学组织方面花上一定的时间，而这方面的组织工作需要较长的时间。同时，在学生方面也有一个适应过程，这种适应过程有时可能是很长的，因为学生之间的合作需要一个磨合过程，所以要发展学生的社会适应能力，就必须牺牲学生的一定练习时间来做好各种组织工作。

（五）小群体体育教学模式的适用条件

（1）某个年级或某班级学生的合作能力与社会适应能力较差，需要在这些方面得到加强。

（2）教学条件比较好，特别是教学器材充分，能满足教学分组的需要。

（3）做好教学前后的测试工作，并记录下来作为教学参考的依据，做好教学的评价工作。

（4）分组后，各组学生在教学中需要搞好合作关系，在课外也要让这种关系得以延续。

（六）小群体体育教学模式的案例

教学内容：武术少年拳。

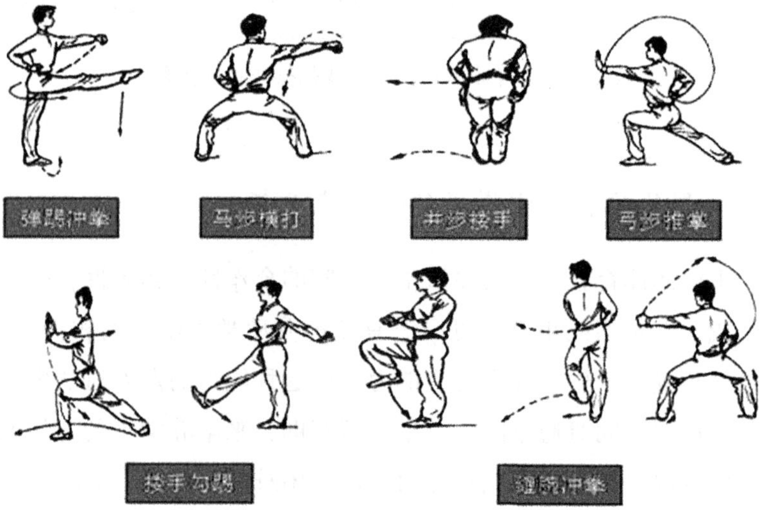

图 5-6　武术少年拳

某教师对初一的学生进行武术少年拳教学，如图 5-6 所示，单元为 7 课时。在教学开始阶段，教师按学生情况分成不同的学习兴趣小组，教师先向学生讲解本单元武术少年拳套路的教学目标和教学内容，让学生对整个武术教学过程有一个了解，然后教师让各兴趣小组讨论本组的学习目标；在单元的前半部分，教师对全班进行武术少年拳套路的讲解和教授，并以全班练习和小组练习的形式让学生熟练武术单个技术；在单元的后半部分，教师要求各小组根据本组的学习目标和组内同学的情况进行有针对性的组内自主练习，让同学们相互帮助，共同思考，共同进步，教师在学生进行练习时仔细观察，并根据学生练习情况进行信息反馈，给予个别或者集体的纠正或者指点，提供必要的学习建议，保证教学的有效进行；在单元结束前，教师组织小组间的武术少年拳比赛，比赛后让各小组总结并发表自己学习进步的感想，教师对学生学习态度与行为进行全面总结。

四、发现式（启发式）体育教学模式

（一）发现式（启发式）体育教学模式的产生背景

发现式体育教学模式是指在教师的启发诱导下，学生通过对一些事实（事例）和问题的独立探究，积极思考，发现并掌握相应的原理和结论的一种教学模式。“发现”的观念由来已久。苏格拉底的“产婆术”，就是帮助儿童直接发现他们自身世界的重要性。以卢梭为代表的自然主义教育学派和以杜威为代表的实用主义教育学派，也都强调儿童独立发现的重要意义。此外，德国教育家第斯多惠曾说过：“一个坏的教师奉送真理，一个好的教师教人发现真理。”但真正使发现教学形成理论并做出新发展的是美国著名的认知学派心理学家和教育家杰罗姆·S. 布鲁纳。布鲁纳认为：“学习中的发现确实影响着学生，使之成为一个‘构造主义者’。”第二次世界大战以后，西方各工业国家的科学技术和经济发展进入了空前繁荣的“黄金时代”。尤其是苏、美两国，都在力图发展科技，追求发现和创造的人才。1957 年，苏联的人造卫星成功发射后，美国上下一片惊慌，他们深感美国学校的科学教育水平落后于苏联，并将这一罪过归于杜威实用主义教育的不良影响。为确保美国在科技、军事上的优势地位，需培养大批科学技术专家与工程师，美国开始要求教育要充分利用现代科学技术发展的新成果充实课程，并通过教学，发展学生的智力和能力。1959 年，美国全国科学院邀请了 34 位专家学者，召开了著名的伍兹霍尔会议，布鲁纳担任大会主席。1960 年出版的《教育过程》一书就是他对大会讨论所作的总结报告。布鲁纳用结构主义的观点阐述了他旨在改革美国中小学课程的理论假说——学科结构说，并指出：“在知识大爆炸时代，应寻求新的方法来向新一代传授那些正在快速发展的大量知识。”这里，他所寻求的新方法就是发现教学法。

（二）发现式（启发式）体育教学模式的特点

1. 强调学习过程

布鲁纳认为，认识是一个过程，而不是一种产品。在教学过程中，学生是一个积极的探究者。学生的学习过程就是一个自我“发现”的过程。我们教一门学科，不是要建造一个活着的小型藏书室，而是要让学生自己去思考，参与知识获得的过程。布鲁纳十分重视学生的主动性与积极性的发挥，认为学生应具备自我探究的积极性，想方设法寻找解决问题的方法，从而学会怎样学习。

2. 强调直觉思维

发现式体育教学模式十分强调学生直觉思维能力的发展。因为直觉思维与分析思维不同，它不是根据规定好了的步骤来进行的，而是采取跃进、越级和走捷径的方式来思维的。直觉思维的本质是映像或图像性的，它的形成过程一般不是靠言语信息，尤其不靠教师指示性的语言文字。“直觉思维，习感的训练”是正式的学术学科和日常生活中创造性思维很容易被忽略又重要的特征。机灵的预测、丰富的假设和大胆迅速地做出实验性结论，这些是从事任何一项工作的思想家极其珍贵的财富。因此，教师在学生的探究活动中要帮助学生形成丰富的想象，防止过早语言化。与其指示学生如何做，不如让学生自己试着做，边做边想。

3. 强调内在学习动机

发现式体育教学模式重视学生形成内部动机，或把外部动机转化成内部动机。活动能激起学生的好奇心，学生受好奇心的驱使，对探究未知的知识就会表现出兴趣。我们知道，最好的动机莫过于学生对所学材料本身具有内在的兴趣，有新发现的自信感。布鲁纳认为，与其让学生把同学间的竞争作为主要动机，还不如让学生把挑战自己的能力作为首要目标。因此，他主张通过激励学生提高自己的才能欲求，从而提高学生的学习效率。

在体育教学中，发现式体育教学模式是近些年体育学者通过教学理论的“移植”方式，运用到学校体育教学领域中的一种教学模式，也被称为“启发式教学模式”，它是指教师在体育技能教学中，在初步进行尝试性练习的基础上，设置一些事实（或事例）和问题，让学生积极思考，通过讨论，依靠自己去获取新的适应和解决问题的方法，从而进行更有效的运动技术学习，更快地掌握运动技能。与传统教学相比，该模式的最大特点在于改变了学生在教学活动中的被动地位，使学生在主动观察、判断、分析、归纳、解决问题的基础上，了解学习运动技能的意义，产生主动学习的动力。从启发式体育教学模式研究的结果来看，其中理论研究的文章占绝大部分，在具体运动项目教学中很少真正得到运用，这是一个非常值得思考的问题。

（三）发现式（启发式）体育教学模式的指导思想

布鲁纳认为：“进行大规模的课程改革，至少还有一个重要事情尚待解决。这就是通晓某一学科领域的基本观念，不但包括掌握一般原理，而且要包括培养从事学习研究的态度、推理和预测的态度，以及独立解决难题的可能性，一个重要的因素是关于发现的兴奋感。”这就是说，发现以前未曾认识的各种观念间的关系和相似的规律性，以及伴随着对自身能力的自信感。在《发现的行为》一文中，布鲁纳对这种新方法作了详细的描述，他指出：“发现不限于寻求人类尚未知晓的事物，确切地说，它包括用自己的头脑亲自获得知识的一切方法。”这就说明了发现教学法与传统的以讲授为主的教学方法的不同之处。发现教学法的特点，在于它不是把现成的结论提供给学习者，而是从青少年好奇、好问、好动的心理特点出发，在教师引导下，依靠教师和教材所提供的材料，让学习者自己去发现问题，回答和解决问题，使他们成为知识的发现者，而不是消极的接受者。

（1）体现以学生为主体、为中心的思想。

（2）开发学生的智力，调动学生思维的主动性、积极性。

（3）不给学生现成的答案，而是让学生自己去探索问题的答案。

（4）强调问题情景设置，使学生比较自然地进入情景，激发学生的学习热情。

（5）调动学生学习的积极性，增加学生学习的趣味性，提高学生学习的有效性。

（6）提高运动技能学习的效率。

（四）发现式（启发式）体育教学模式的操作程序流程图

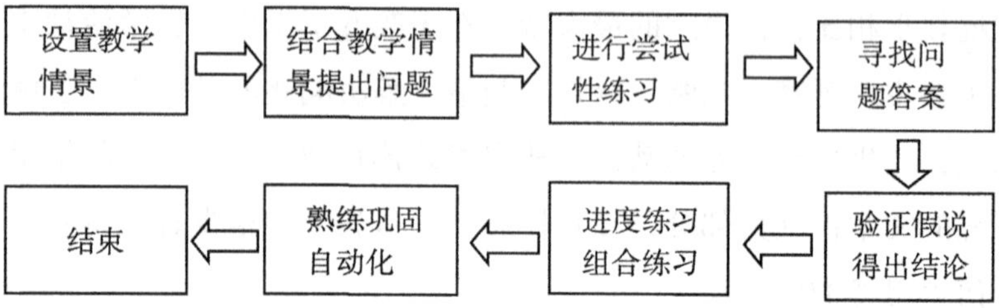

图 5-7 发现式（启发式）体育教学模式的操作程序流程图

（1）设置教学情景。教学情景必须紧密结合具体动作技术的关键技术环节。

（2）结合教学情景提出问题。引起学生兴趣，形成探究动机，并根据学生在练习实践中的体验，让学生思考与比较不同的练习手段完成动作的优劣。

问题情境是一种特殊的学习情境，情境中的问题既要适合学生已有的知识水平和能力，又需要经过一番努力才能解决，从而使学生形成对未知事物进行探究的动机。教师是资料的提供者，学生是分析和探究者。

（3）进行尝试性练习。在设置的情景中，让学生自由发挥想象力，运用不同的练习手段来完成运动动作。

（4）寻找问题答案。学生用所给定的材料，在教师的指导下，通过相互讨论，运用已学的学科知识与原理，找出它们之间的关系。在寻求答案的过程中，充分利用直觉思维提出各种有益于问题解决的可能性等。教师是支持者，学生是分析者和假设提出者。

（5）验证假说，得出结论。运用分析思维对各种可能产生进行反复的求证、讨论，寻求答案。根据学生的“自我发现”提取出解决问题的方法，并把它付诸实践，提高学生运用知识、分析问题和解决问题的能力。教师是顾问，学生是分析者和探究者。

（6）进度练习，组合练习。

（7）熟练巩固自动化。

（8）结束课的教学活动。

（五）发现式（启发式）体育教学模式的优缺点分析

优点：激发学生学习的好奇心，调动学生思维的积极性，使学生主动地学习而不是被动地接受，并从中理解学习体育运动技能的意义。因此在某种程度上来说，发现式体育教学模式有利于发展学生的智力水平，增加学生对体育学习的热情与积极性，有助于学生运动技术的学习，并提高学生学习技术的效率。

缺点：从教学模式的评价方面，由于智力水平、情感体验等心理学指标难以测定，因此要比较该教学模式与其他教学模式的优劣性，一时之间难以判断。另外，由于在教学中花费在问题的提出、讨论、解决方面的时间比较多，在运动技能的学习与练习的时间则会相对减少，而运动技能掌握的主要诀窍就在于多练习，因此会对运动技能的学习与熟练掌握产生较大的影响。

（六）发现式（启发式）体育教学模式的适用条件

（1）具有一定理解能力的初中以上的学生，已经掌握一定的科学知识与原理，如物理学中的力学知识、运动学知识，数学中的各个变量之间的关系原理等，并应具备一定的运动能力与经验。

（2）教学学时要充足，最好是大单元教学学时或选修课教学。

（3）体育教师应具有较高的教学水平与经验，善于运用灵活的教学方法、教学组织形式等来设置问题情景，并能有效解决教学问题。

（七）发现式（启发式）体育教学模式的案例

教学内容：体操头手倒立。

某教师对高二的学生进行体操头手倒立教学，教师事先设计出："什么是倒立？""什么是头手倒立？""倒立的要素有哪些？""如何练出头手倒立的动作？"，"你的头手的动作如何？""你的同伴头手倒立的动作如何？""你和你同伴要改进什么？""如何改进？""改进得怎么样？""你从学习头手倒立中领会到了什么？"等相互关联和层层递进的课题与问题，然后将问题放在8~10个课时的单元中进行教学。如第二节课中，课题是"倒立的要素"，教师先让学生靠墙倒立，感受倒立时手与头的触地位置，以引导学生认识倒立稳定支撑的技术结构，在验证和讨论中得出手与头的位置关系，使学生找到练习的方向，并实践如何理性地进行头手倒立技术学习的过程与方法。

五、领会式体育教学模式

（一）领会式体育教学模式的产生背景

领会式体育教学模式是最早由英国学者嘉宾（Bunker）等在20世纪80年代提出的一种改造球类教学的教学过程结构，是试图通过从整体开始学习（领会）的新教程，改变以往只追求技能，而忽略学生对整个运动项目的认知和对运动特点的把握缺陷，以提高球类教学质量的教学模式。其侧重点在于让学生在实践中（活动中或比赛中）去发现问题后施以有效的教学方法，从而激发学生主动学习的积极性，以提高学习的效率。

（二）领会式体育教学模式的指导思想

（1）先尝试，后学习。

（2）在尝试中了解与明白学习运动技术的重要性，以提高学生学习的主动性。

（3）先完整、后分解教学，在掌握各分解动作的基础上，再尝试，比较学习前后的效果。

（4）多以竞赛的形式开展教学组织活动，以提高学生学习的积极性、实用性。

（三）领会式体育教学模式的操作程序流程图

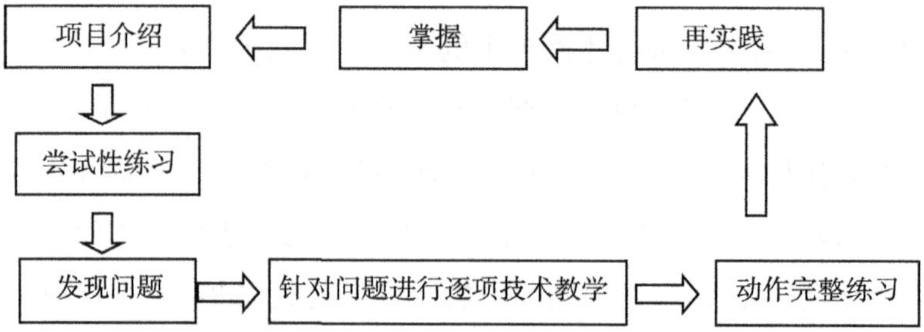

图5-8　领会式体育教学模式的操作程序流程图

（四）领会式体育教学模式的优缺点分析

优点：先让学生在运动的初步体验中体会出学习正确动作的必要性后，教师有针对性地施以某些技术环节教学，使学生产生强烈的学习动机和需要，极大地调动学生的积极性，提高学生的学习效率。

缺点：在尝试性比赛中，可能会因学生在运动技术方面什么也不会而使比赛变得混乱，秩序无常，场面难以控制。因此，应尽量选择一些尝试性比赛，如三打三、二打二、一打一，降低难度和要求，引导学生慢慢进入活动的角色。

（五）领会式体育教学模式的适用条件

球类教学内容，初中以上的学生，具备一定理解能力，教学场地与器材较为充足。

◎ 讨论与思考：

1. 如何理解体育教学模式？
2. 体育教学模式的基本要素？
3. 体育教学模式与体育教学策略有何区别？
4. 举例说明发现式体育教学模式的结构特征。
5. 有教学风格的老师是否说明他的教学模式也与众不同？

第六章　体育教学方法运用与案例分析

☞ **引言**

体育教学方法在实现体育教学目标中起着桥梁和中介的作用，是为了达成教学目标而设计的。教学方法是手段，其优劣应该由达到教学目标的程度和教学效果的好坏来衡量。其特点源自体育教学是以身体练习为基础，多种感官参与，不仅需要通过视觉和听觉接受信息，而且要在中枢神经系统的指挥下，运用动觉、位觉、触觉等来感知自己的身体动作，特别是通过本体感觉来感知自己身体运动时用力的大小、方向和动作的幅度，以便有效地控制和完成动作。

☞ **学习目标**

通过本章的学习，使学生理解体育教学方法的含义，明确体育教学方法的分类和内容，掌握不同教学方法的特点，针对不同教学阶段、不同教学类型等情况能够合理运用教学方法，解决教学问题。

第一节　体育教学方法概述

一、体育教学方法的概念

体育教学方法是在体育教学过程中，根据学习体育知识技能的规律，指导体育教学实践，提高教学质量，师生为了实现教学目标，完成教学内容的有效传递和学习而运用的一系列活动方式的总称。

二、体育教学方法的分类

（1）依据师生双边活动，可把体育教学方法分为教授法和学习法。

（2）依据学生获得知识的主要途径和来源，可把体育教学方法分为语言法、直观法、练习法。

（3）依据教学目标，可把体育教学方法分为传授与掌握体育知识、技术和技能的方法，发展学生体能的方法，以及加强学生思想品德教育的方法。

（4）依据体育教学方法的外部形态（信息传递途径）和这种形态下学生的认识活动，可把体育教学方法分为以语言传递信息为主的方法，以直接感知为主的方法，以身体练习为主的方法，以比赛活动为主的方法和以探究性活动为主的方法。

（5）考虑到体育教学实践中应用教学方法的方便和实用，可把体育教学方法大致分为学习指导法、动作练习法和一般教育法三大类。体育教学方法体系结构如图 6-1 所示。

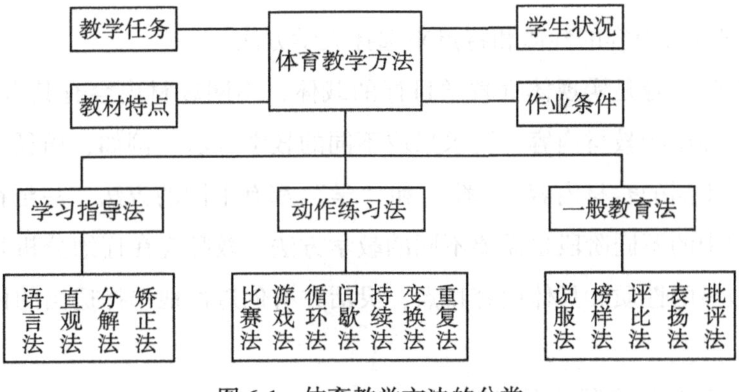

图 6-1　体育教学方法的分类

三、体育教学方法选择的意义与依据

（一）正确选择体育教学方法的意义

在体育教学实践中，没有一个万能的教学方法，它们都有各自的独特功能、适用范围和使用条件限制，有各自的优点和缺点。同时，体育教学方法又受教学过程中各种因素的影响，难以用一种模式来概括。教师能否正确地选择教学方法，成为影响体育教学质量的关键问题之一。因此，每个教师都必须学会依据不同的教学任务、学生特点、教材性质和不同的情景条件科学，恰当地选择教学方法。

（二）体育教学方法选择的根据

最早提出体育教学法的是瑞典体育教师 W. 斯卡斯特罗姆，他编著的《体育教学法》于 1914 年在美国出版。20 世纪初，随着西方体育的传入，中国学校体育有了一定的发展，培养体育师资的学校开设了体育教学法必修课程。

1. 根据体育课教学目标与任务来选择教学方法

教师在选择教学方法时首先要根据不同的教学目标和任务选择不同的教学方法。例如，新授课的教学目标是使学生建立初步的动作定型，可以运用讲解法、动作示范法以及完整与分解法等；如果是巩固技术和增强体能，可选择重复练习法、持续法、循环练习法等。

2. 根据教材内容的性质和特点来选择教学方法

体育教学内容是实现体育教学目标的载体，不同教材内容有其自身的特点。通常，不同性质的教材内容，要求采取不同的教学方法。例如，田径、球类、体操、武术等不同的教材内容，“教”和“学”都有不同的方法，甚至在不同动作的教学过程中的不同阶段也需要不同的教学方法。教师应在仔细分析教材的基础上，根据教材的性质和具体内容特点，灵活并有创造性地选择适当的体育教学方法。

3. 根据学生的实际情况来选择教学方法

体育教学方法要体现实效性，归根结底是要看学生能否有效地学习。教学方法要适应学生的基础条件和个性特征，要根据学生年龄特征和心理特点、现有的体育知识和技能水平以及班级的学习风气等不同情况，选择适应学生条件的，能促进发展学生技能、体能的教学方法。例如，中学生争强好胜，群体意识和集体主义荣誉感强，可采用分组比赛的方法。

4. 根据教学条件来选择体育教学方法

体育教学方法的运用需要借助一定的媒介，教学方法的选择要考虑教学情境和现实的教学条件，如学校的场地器材等。这些教学条件为教学方法发挥作用提供了必要的物质条件。同时，教师在选择教学方法时不能被动、消极地适应场地器材等条件，应在现有条件下合理地开发利用教学资源，进一步开拓教学方法的功能和范围，以提高体育教学方法的效果。

第二节 常用的体育教学方法

一、体育教学中的指导法

体育教学中的指导法是指教师指导下学生学习的方法。主要包括语言法、直观法、完整法、分解法、预防和纠正错误法等。

（一）语言法

语言法是运用各种形式的语言指导学生学习的方法。在体育教学中，正确地运用各种语言形式和时机，对顺利完成教学目标，提高教学效能具有重要的意义。它一方面能使学生明确学习目标、激发学习动机、实现师生互动；另一方面可启发学生的积极思维，加深对教材的理解；同时，还有利于培养其分析问题和解决问题的能力。

体育教学中常用的语言法的形式主要有：讲解、口令和指示、口头评定、口头汇报、默念和自我暗示等。

1. 讲解

（1）讲解的意义：讲解是指在体育教学中，教师用语言向学生说明教学目标、动作名称、作用、要领、方法、要求，以指导学生进行学习的一种方法。讲解是体育教学中运用语言法的一种最主要、最普遍的形式。体育教学中常用的讲解方式有：

①直陈式：用简明扼要的语言直接陈述。多用于对简单动作的讲解以及宣布课的目标、内容和要求等。

②分段式：把教学的动作分成若干段落，逐段讲解。多用于较复杂动作新授

阶段的教学。

③概要式：按完成动作技术的要领归纳出要点进行概括讲解。多用于动作技术复习阶段的讲解。

④侧重式：在分段讲或概要讲时，突出重点、难点和存在的主要问题。这有利于学生有重点地进行学练，了解并改正错误和掌握动作技术。

⑤对比式：把相对的两个方面加以比较，指出其中的异同。此法可以加深学生对问题的理解。

⑥提问式：向学生提出问题后再进行讲解。能强化学生注意，启发其积极思维。

⑦ 联系式：根据教学需要联系实际的讲述。多用于一节课的导入或一项教材教学的开始或结束，也可用于启发学生改正错误。

此外，还有比喻法、复述法、引证法、鼓动法等多种讲法。在体育教学中教师可根据实际需要，分别或综合选用。

（2）体育教学中讲解的要求：

①讲解目的要明确并具有教育性：教师讲什么？讲多少？怎样讲？都应根据教学的具体目标、内容、要求、教学进程以及学生的实际，有的放矢地进行讲解。

②讲解要生动形象、简明易懂：讲解时要正确使用体育专业术语，广泛采用比喻、口诀、概要等形式生动形象地进行讲解。要注意突出教学的重点、难点、关键，表达清楚、用词贴切，层次分明并符合学生的程度。

③讲解要富有启发性：讲解时教师要善于设问质疑。可通过提问、引导、联想等方式使学生积极思维，并能将看、听、想、练有机地结合，以取得良好的讲解效果。

④讲解要注意时机和效果：不同的教学阶段、不同的学生、不同的教材，讲解的方式和时机有所不同。例如，课的开始，教师宣布课的教学目标、内容时，语言要精练、果断；在分析动作要领时，对技术的重点、难点可通过手势、语气以及语调的变化加以强化；在组织调动队伍、学生正在做练习（特别是静止用力或较危险的动作）时，除了适当采用简短提示和评价外，一般不作具体讲解。

⑤注意精讲多练：在教学过程中应根据实际需要判断和运用讲解，该讲则

讲，能少讲则不多讲，把更多的时间留给学生自己主动地去学习、练习和体验。要求教师除了抓住重点和关键以外，放手让学生自己去探索和尝试。

2. 口令和指示

口令和指示是教师以简明的语言，以命令的方式指导学生学练的一种语言法形式。如在队伍的调动、队形的变换，基本体操、武术、舞蹈、韵律操的练习时都经常采用口令和指示。教师在运用口令和指示时，要声音洪亮，节奏分明，发音准确有力。

3. 口头评定

口头评定是指教师根据教学目标和要求，以简明的语言评价学生学练效果、成绩和行为的一种语言法形式。例如，学生在练习过程中或练习之后，教师用"有进步""动作有力"等进行评价。这种口头评定有利于激发学生的学习兴趣，使学生及时了解自己的不足，提高学习效率。教师在运用此法评价学生时，要准确及时，以鼓励为主，并注意指出学生的主要缺点和不足。

4. 口头汇报

口头汇报是指教师要求学生根据教学的要求和自己对动作学习的体验，简要分析说明自己见解的一种语言法形式。是促使师生信息交流，启迪学生积极思维，培养和提高学生表达能力、自我分析和评价能力的一种有效的方法。

5. 默念和自我暗示

默念和自我暗示是指学生在练习中，通过指示性的默念字句，暗示自己努力做好动作的一种无声的语言法形式。默念和自我暗示可以在头脑中激起有意识的活动，提高对动作技术的深入理解，并可针对自己存在的问题，抓住关键，有助于纠正错误动作，回忆教学进程。

（二）直观法

直观法是指在体育教学中教师通过实际的演示或外力帮助，让学生借助视觉、听觉、触觉和本体感觉器官来直接感知动作的教学方法。常用的直观方式主要有：动作示范、教具和模型的演示、视频影像、条件诱导与限制等。

1. 动作示范

动作示范是以具体动作为范例，指导学生进行学习的一种方法。体育教学中动作示范的主要形式有：正面示范、侧面示范、背面示范、镜面示范、完整示范、局部示范、常速示范、慢速示范、静止示范等。

体育教学中动作示范的要求：

（1）示范要有明确的目的。每一次示范都要有明确的教学目的，做什么示范？怎样示范？均要依据课的目标、教学的进程、学生的水平等有针对性地安排。通常在某项运动技术教学初期，为了使学生了解学什么并建立完整的动作概念可选用完整示范、常速示范；为了使学生进一步了解动作的结构、时空特征，掌握学习的方法，可采用慢速示范；为了突出教学的重点和难点，纠正学生的错误动作则可采用分解示范或静止示范，以引起学生注意。

（2）示范要正确、熟练并具有感染力。动作示范的正确性应从两个方面来理解：一是示范动作要符合动作的技术规格和技术要求等；二是动作示范的难易程度、达到的标准、展示的重点以及示范的表示方法等，要以学生的实际需要为依据，不应低于或高于学生的需要。此外，示范轻松优美，具有感染力，能够激发学生的学习动机。

（3）示范的方向和位置要利于学生观察。为了使动作示范便于学生观察，教师要正确地选择示范的位置和方向。示范的位置要根据学生的队形、动作性质及安全等因素决定示范的方向，要根据动作结构和要求学生观察的动作部位而定。示范时还应依据实际需要讲究各种示范的“面”，如实践中为了显示动作的左右距离，可采用正面示范；为了显示动作的前后部位，可采用侧面示范；对方向、路线变化比较复杂的动作，可采用背面示范；对于动作技术结构简单、学生易于模仿的练习，如徒手操等，可采用镜面示范。总之，示范应使每个学生都能清楚观察为原则。

（4）示范要与讲解相结合。在教学实践中，根据教学目标、练习的内容及学生的身心特点，采用先讲解后示范、先示范后讲解、边讲解边示范的讲解与示范相结合的不同方式，可充分发挥学生的视觉、听觉等能力，有利于直观和思维紧密结合，提高教学效果。

2. 教具和模型的演示

教具和模型的演示是通过挂图、图表、照片、模型等直观教具所进行一种直观的再现动作的方式。当动作技术较复杂时，动作示范难以充分显示动作的结构、过程、细节、时间与特征时，可借助于教具和模型的演示。教师要根据教学的实际需要选择、使用教具、模型，并注意演示的程序时机，以提高教具模型演示的直观效果。

3. 视频影像

视频影像是利用电影、幻灯、投影、电视和录像等现代化的电化教学手段进行直观教学。借助电化教学的视听工具可以完整地、准确地再现和重复动作，对一些复杂的动作还可调控速度或暂停进行分析，这对于激发学生的兴趣，启发其思维并加深对问题的理解具有显著功效。

4. 条件诱导与限制

条件诱导与限制是以某种条件为诱因或限制，以达到直观目的。体育教学中的条件诱导与限制的形式很多，如助力、阻力、定向等形式。

助力和阻力是借助外力的帮助，或对抗的阻碍与限制，使学生通过触觉和肌肉本体感觉，体验正确的用力时机、大小，辨别动作的时间、空间特点，以直接体会动作的要领。

定向是以具体的或形象的方向标志物，给学生指示动作的方向、幅度、轨迹和用力点。

（三）完整法

完整法是指从动作开始到结束，不分部分和段落，完整地、连续地进行教学的一种方法。完整法的优点是能使学生完整地掌握动作，不至于破坏动作结构和产生动作脱节。其缺点是不易于较快地掌握动作技术中较为复杂的要素和环节。完整法一般适用于动作技术较简单，或已经基本掌握了的动作，或动作技术复杂却又无法进行分解教学的动作，以及对动作分解教学后又连接起来完整掌握时。

运用完整法的注意事项：

（1）对于较简单的动作，教师讲解、示范后即可让学生完整地进行练习。

（2）对于较复杂的动作教学，为降低教学难度，可采用如下几种做法：

①指出教学重点：教学中可先要求学生掌握技术基础部分，再逐步掌握技术细节，或者首先强调动作的方向、路线，再要求动作的幅度和节奏等要素。

②简化动作要求：如跑，可缩短跑的距离或降低跑速；跳高，可降低横杆的

高度；投掷，可减轻器械的重量；球类战术配合，可先去掉防守队员等。

③采用各种辅助和诱导性练习：许多复杂和不能分解的动作，可在练习前或练习间进行与该动作技术结构特点相近、有迁移性的练习，以促进动作的学习和掌握。

（四）分解法

分解法是把一个完整的动作合理地分成几个部分（或段落），按部分逐次进行学习，最后达到全部掌握的一种教学方法。

分解法教学的优点是可简化教学过程，缩短教学时间，提高学生学习的信心，较快地掌握动作。其缺点是使用不当易使动作割裂，破坏动作的技术结构，影响动作技能的形式。分解法适用于技术较复杂而用完整法学习又不易掌握，或动作的某些部分需要加强学习等情况。

1. 分解法的形式

分解法通常采用以下三种形式：

（1）单纯分解：即先学第一部分，再学第二部分，然后再学第三部分、第四部分，各部分逐一学会后，最后联系起来进行完整练习。

（2）递进分解：即先学第一部分，再学第二部分，然后将第一、第二部分联系起来教学，掌握后再教第三部分，最后将第一、第二、第三部分完整学习。

（3）顺进分解：即先学会第一部分，学会后再一起学第一、第二部分，两部分后再一起学练第一、第二、第三部分，最后完整掌握。

2. 运用分解方法的注意事项

（1）对动作技术分解时，要考虑其内部联系，使部分的划分不致改变动作的结构。

（2）使学生明白所学的每一部分在完整动作中的位置及作用，尽可能地增加学生对教材的整体感。

（3）分解教学时间不宜过长，要与完整法结合运用。

（五）预防与纠正错误法

学生在学习掌握动作技术时，出现这样或那样错误动作是一种正常现象，教师要采取有效的措施，及时地加以预防和纠正，否则就易形成错误动力定型。因此，教学中必须采取有效的措施，预防和纠正学生出现的各种错误。

预防与纠正错误法是指教师针对学生练习中产生错误的原因，有针对性选择有效的手段，预防或及时纠正错误的一种方法。

为了有效地预防和纠正错误，首先要分析产生错误的原因。通常情况下，错误动作产生的原因是多种多样的，概括起来有如下几个方面：

（1）学生因素：主要是学生学习目标不明确，积极性不高，怕苦、怕累、怕受伤，缺乏信心，有畏难情绪。学生对所学动作技术的概念、要领和方法不清楚，或因受旧技能的干扰等。学生的身体素质和运动能力没达到相应的水平。

（2）教师组织教法因素：主要是所选教材内容不符合学生的实际水平、教学安排缺乏系统性、组织教法不当等。

（3）教学的外部环境与条件因素：主要是受到场地、器材设备等教学条件和周围环境与季节气候的影响等。

针对上述产生错误的主要原因，教师要分别采用相应的方法进行预防和纠正，如运用分解法解决复杂技术问题；通过诱导性练习以及转移性练习等手段消除学生的紧张情绪；加强基本技术的教学，全面发展学生的身体素质等。

实践中可遵循下列程序：预测可能产生的错误—观察与发现各种错误—分析错误产生的原因—采取相对应的措施—检查与检验效果—总结教学经验。学生错误动作纠正的速度往往与教师的指导有密切关系，因此要充分发挥教师在教学过程中的主导地位，对症下药，有的放矢，耐心细致，把预防与纠正错误法贯彻于体育教学整个过程之中。

二、体育教学中的动作练习法

动作练习法是体育教学中特有的基本方法，又称身体练习法。学生掌握动作技术、技能，锻炼身体，增强体质，都需要通过反复练习来现实。动作练习法对实现体育教学目标具有重要的意义。体育教学中常用的动作练习法主要有：重复法、变换法、持续法、间歇法、游戏法、比赛法、循环法等。

（一）重复法

重复法是根据练习的需要，在相对固定的条件下，反复进行同一练习的一种方法。相对固定的条件有动作的结构、场地、器材、运动负荷的表面数据等。如用同一速度跑 4 个 50 米；在一定高度上（如 1.3 米）用同一姿势（如跨越式）反复进行跳高练习等。重复法的特点是练习的条件固定并反复进行练习，且每次练习的间歇时间没有严格规定。重复法的主要作用是有利于学生在反复的练习中掌握和巩固动作技术，提高运动负荷量，发展体能，培养意志品质。因此，重复法通常在掌握动作技术、技能和提高各种身体素质时采用。

运用重复法的注意事项：

（1）根据锻炼时的实际情况，选择重复练习的内容和时机。

（2）根据发展体能的任务和学生个体的具体情况确定练习的次数、距离、时间、强度、间歇时间。

（3）应尽量选用简单而有实效的或已基本掌握的练习手段，以保证练习的准确性，提高练习效果。

（4）使学生明确发展体能的目的和意义，激发锻炼动机，克服枯燥感，并要采取灵活的调整措施，调节课堂的气氛。

（二）变换法

变换法是根据练习的需要，在变换的条件下进行练习的方法。变换的条件通常有动作内容、形式、组合结构、运动负荷的表面数据以及环境、设备等。例如，越野跑，沙滩跑，听音乐节奏的跑、跳练习等。变换法的特点是练习条件的变换。因此，它可以有效地提高学生中枢神经系统和身体各器官系统间的协调能力、对环境和负荷的适应能力，以及练习的积极性和运动技术水平。变换法有连续变换和间歇变换两种形式。

运用变换法的注意事项：

（1）要根据特定需要选择和安排变换的条件。变换什么条件要根据实际需要有针对性地安排，如在改进提高运动技术时，一般改变技术要素；在提高应用能力时，一般改变环境和条件因素。

（2）对变换的条件和内容要做出明确的要求和限定。

（3）用于发展学生体能时，要使运动负荷符合练习的要求以及学生的承受负荷能力。

（4）运用变换法练习时应注意对正确动作的干扰，防止动作错误的产生。

（三）持续法

持续法是在相对较长的时间内，用相对稳定的强度，不间歇地连续进行练习的一种方法。持续法的特点是练习时间相对较长，一次练习的量较大，强度相对较稳定。因此，运用持续法可使学生心血管系统和呼吸系统的机能得到稳步地提高。持续法多用于周期性项目中发展一般耐力以及球类项目的教学。

运用持续法的注意事项：

（1）因人而异，控制好负荷强度：在体育教学中，要依据不同教材、季节气候和学生的体质妥善安排运动负荷。如果练习强度较大时，就要缩短练习时间，而当延长练习时间时，练习强度不能太大。

（2）加强医务监督：教师在教学中要善于观察学生练习时所产生的生理、心理反应，并及时进行调整。

（3）加强思想教育：由于持续法较枯燥，教学中除广泛采用多种练习组织形式外，应不失时机地向学生进行吃苦耐劳、坚韧不拔的意志品质教育。

（4）培养学生自练、自控的能力：教学中应向学生传授持续法的基本知识及控制与调节运动负荷的方法，使学生自觉而科学地参与练习。

（四）间歇法

间歇法是在一次（组）练习之后，严格控制间歇时间，在机体未完全恢复的情况下又进行下一次练习的方法。间歇法由每次练习的时间和距离、练习重复的次数和组数、每次练习的负荷强度、每次（组）练习的间歇时间和间歇时的休息方式五大要素构成。根据这五个要素，可组成不同的间歇练习方案。间歇法的主要特点是每次练习时有间歇，但必须控制间歇时间和休息方式，即机体还没有恢复，就要进行练习，且要采用积极性休息方式。因此，间歇法能有效地提高练习者呼吸系统和心血系统的机能。

运用间歇法的注意事项：

（1）根据教学目标确定间歇法五个因素的参数。

（2）根据学生的实际去安排、调节和控制间歇时间。

（3）间歇时应采用慢跑、走步、放松等积极性休息方式。

由于间歇法对机体的影响较大，因此，应注意总负荷和局部负荷的安排和控制。

（五）循环法

循环法是教师根据教学要求，选择若干练习或动作，分设若干作业点，要求学生在每个作业点上完成规定的练习内容和任务，然后再转到下一个作业点去，依次完成全部作业点练习。做完一轮可再重复下一轮练习，如图 6-2 所示。

图 6-2 循环练习法

循环法既是一种练习方法，又是一种教学组织形式。它的主要特点是能有效地增大练习密度和运动负荷。同时循环法采用的练习大多是学生已基本掌握的、简单易行的动作，并具有一定针对性，因此，循环法大多用于提高学生的身体素质和机体机能能力，也可用来巩固提高某项主要教材的学习。

运用循环法的注意事项：

（1）应根据练习的目标要求和学生的实际，选择练习作业点、练习的数量和强度、练习手段以及循环练习的方式。

（2）各作业点选用的练习手段应简便易行，要尽可能使各组练习手段的安排对身体各部位以及发展各素质具有不同的影响。

（3）各练习作业点的顺序应尽可能使难易程度及负荷大小不同的练习交替进行或渐进安排。

（4）由于循环练习的总负荷积累较大，各作业点的运动负荷可依学生状况从最小负荷开始，练习过程中再逐步增大。

（六）游戏法

游戏法是在体育教学中以游戏的形式组织学生进行练习的一种方法。游戏法的主要特点是有竞争性和娱乐性，且有一定的规则限定。因此，游戏法能有效地调动学生练习的积极性，发展体能，培养学生的创造性和集体主义精神。

运用游戏法的注意事项：

（1）应按教学的意图和计划来组织游戏者的活动。

（2）严格遵守游戏规则，应在规则允许的范围内发挥主动性和创造性，并应不失时机地利用游戏对学生进行思想品德教育。

（3）要注意通过游戏内容、规则、时间，以及组织游戏和场地器材等其他间接途径控制和调节运动负荷。

（七）比赛法

比赛法是在比赛情景下组织学生进行练习的一种方法。比赛法的主要特点是具有“竞争”因素，能直接培养、提高所学内容的应用能力和运动参与意识。参加者投入竞争，情绪高涨，身心高度紧张，能促使参加者最大限度地表现出机体的机能能力。体育教学中采用比赛法的形式多种多样，可以是游戏比赛，也可以是教学比赛或专门组织的测验比赛；可以是个人与个人之间的比赛，也可以是小组与小组间的比赛。此外，按教学的具体目标和动作性质既可以比快、比高、比远，也可以比完成动作的质量或比课堂中学生组织纪律性等。

运用比赛法的注意事项：

（1）应根据教学目标、教材的性质、学生的特点和具体条件，正确、灵活地运用各种比赛形式和方法，并注意在比赛过程中，切实贯彻教学要求。

（2）要注意明确比赛规则，在比赛过程中应及时进行公正的评定。

体育教学方法的分类与内容要求如表 6-1 所示。

表 6-1　　　　**体育教学方法的分类与内容要求**

方法	含义	教学应用	基本要求
语言法	在教学中，教师运用语言或语词，帮助学生认知和掌握学习内容，指导学生进行锻炼的方法	1. 队列队形操作、队伍调动的口令、准备操的指挥等 2. 动作方法和要领、纠正错误的讲解、组织练习说明等 3. 对学生思想品德教育，心理品质培养的说教	1. 明确使用目的 2. 规范课堂用语，用专业术语，表达准确 3. 语言通俗易懂 4. 有技巧性和启发性
直观法	在教学中，教师借助学生以视觉为主的感觉器官，让学生认知动作形象、结构和过程等，形成正确动作表象的方法	1. 队形队列步法和准备操的示范 2. 动作技术传授，错误纠正和练习方法的展示 3. 品德行为教育、心理品质培养的为人师表	1. 明确使用目的 2. 示范要正确、优美 3. 示范方向、位置要合理 4. 示范与讲解相结合 5. 发挥教师的模范作用
完整和分解法	完整法是指将动作以完整的形式进行教与学以及练习的方法。分解法是指根据结构特点，把一个完整动作合理地分成若干教学环节，分别或按顺序进行学练，最后再连贯成完整动作练习的方法	1. 对连贯性要求较高或简单的动作尽量用完整法练习，如立定跳远 2. 采用分解法时，可以先学练难点和重点环节，也可以按顺序学习 3. 掌握难点或重点动作，纠正错误动作时，采用分解练习可取得较好效果 4. 根据学生情况，课安排分层分组练习，能力强的学生以完整练习为主	1. 根据学生的特点和动作的难易程度，可将完整法和分解法合理搭配使用 2. 分解动作时，要注意分解位置和包含的核心要素 3. 分解练习时间不宜过长，以免影响完整动作学习和掌握 4. 用完整动作教学时，开始阶段可通过改变学练条件降低难度

续表

方法	含义	教学应用	基本要求
游戏法	选用或自创某种游戏形式和规则，组织学生活动，以完成某些教学任务为目的的方法	1. 游戏法通常有一定的情节和竞争成分，内容与形式多样，符合青少年的身心特点 2. 采用这种方法能有效促进动作技能的掌握和运用，增强学生体质和运动能力 3. 有利于培养学生的人际交往、团结协作和集体主义精神 4. 在游戏情景下，能培养学生的独立思考和判断力、情绪和行为控制能力以及良好的体育道德行为	1. 要根据教学目的和任务，有针对性地选择游戏的内容和形式 2. 选择和确定游戏规则和要求，教育学生严格遵守 3. 游戏具有开放性的特点可改编、创造游戏方法及其规则 4. 对学生在游戏中的不良道德行为要及时教育帮助 5. 游戏场地、器材应布置合理并注意安全
比赛法	在比赛情景下组织学生进行技能学练和锻炼身体的方法	1. 是培养学生竞争意识和行为的注意途径 2. 比赛通常比游戏更“激烈”，能充分发挥身体、心理、技术技能等潜能 3. 比赛的形式更规范、规则更严格、要求更高，能培养学生良好的体育道德行为规范和遵纪守法意识，有积极的意义 4. 比赛内容、方法和形式多种多样，因此比赛有利于学生运动能力的发展，形成个性化的运动爱好	1. 采用比赛法要有目的性 2. 选择适宜的比赛内容和方法 3. 掌握和控制和时间、运动量和强度 4. 加强比赛的管理和组织工作 5. 比赛中注意思想品德教育和心理品质培养

第三节　现代体育教学方法与案例分析

一、探究式教学法

探究式教学法，是体育教师在教学过程中引导学生在体育与健康学科领域或体育活动过程中选择和确定研究主题，创设类似于研究的情境，通过学生自主、独立地发现问题、实验、操作、调查、搜集与处理信息，表达与交流等探究活动，获得体育知识、运动技能、情感与态度的发展，特别是探索精神和创新能力的发展的教学方式。

（一）探究式教学法的特点

（1）问题性：探究式教学法总是从创设各种问题开始的，并以此引发学生学习的动机，使其积极参与学习活动。

（2）实践性：探究式教学法是学生实际参与问题的研究，通过实践来加以拓展认识，加深对问题的理解。

（3）参与性：在探究式教学法中，每一位学生都必须实际参与到各种实验、练习、调查、搜集与处理信息、表达与交流等活动之中。

（4）开放性：在探究式教学法中，问题的答案或解决问题的途径并不是唯一的，往往可能有多种答案或途径，对于培养学生的开放式思维具有重要的作用。

（二）探究式教学法的教学步骤

（1）提出问题：体育教师应根据学生已经学习与掌握的知识理论，结合已学的具体内容为学生提出具有多种可能性的问题。

（2）分组讨论，提出若干假设与方案：在体育教师提出问题后，将学生分成若干个学习小组各自提出假设与解决问题的方案。

（3）验证方案：各组根据教师的指导与要求，将假设与方案运用于体育与健康学习活动的实践中，验证假说与方案。

（4）评价与提高：在小组探究的基础上进一步对解决问题的过程与效果进行

评价，激发学生的探索热情，提高学生的创造性思维能力。

（三）探究式教学法案例分析

教学内容：蹲踞式跳远技术的研究。

教学目标：运用所学的知识与技能分析蹲踞式跳远的技术，并能正确地完成动作。

教学步骤：

（1）提出问题：体育教师设问“蹲踞式跳远中出现问题的主要原因是什么?”

（2）分组讨论，提出假设，得出蹲踞式跳远中出现问题的主要原因有助跑速度慢、助跑没有节奏、踏跳不果断、缺乏力量、落地重心后倒等的初步结论。

（3）将对蹲踞式跳远的假设用于实践，集体观察分析。一个同学练习，另外几个同学分别在起跑处、踏跳点、落地点等处观察、记录。

（4）找出原因，并寻求有效的练习方法。根据老师的示范，组内进行比赛，看谁动作最标准，跳得最远。

二、发现式教学法

发现式教学法又称为问题法，它是从青少年好奇、好问、好动的心理特点出发，以发展学生创造性思维为目标，以解决问题为中心，以结构化的教材为内容，使学生通过再发现的步骤进行学习的一种教学方法。对于学生而言“发现并不限于寻求人类尚未知晓的东西，确切地说，它包括用自己头脑亲自获得知识的一切方法”。

（一）发现式教学法的教学步骤

（1）提出问题或创设问题的情境，使学生在这种情境中产生疑难和矛盾，按照教师提出的要求带着问题去探索。

（2）学生通过反复练习，掌握动作技术的基本原理方法。

（3）组织学生提出假设和通过实践进行验证，开展讨论与争辩，对动作技术的原理方法和争论的问题作出的总结，得出共同的结论。

（二）发现式教学法应注意的问题

（1）教师提出问题，激发学生的学习热情。学生首先要有问题意识，并能积极和善于提出问题。教师要善于创设问题情境，激发学生的学习热情。

（2）要因势利导，运用已知，探求未知。在运用发现式教学法时，体育教师应注意根据学生已有的知识经验和运动技能基础，提出适当的问题。

（3）要善于设问激疑，利用矛盾，启迪思维。体育教师要善于在学生无疑处激疑，利用体育活动中出现的各种矛盾，启发学生的思维。

（4）采取由简到繁，由个别到一般，由具体到抽象，步步深入的方法。

（5）要集中力量，突出重点，突破难点，消除疑点。在学生发现问题、解决问题的过程中，体育教师要引导学生抓住问题的重点。

（6）要鼓励学生标新求异。留下悬念，让学生继续探索。

（三）发现式教学法案例分析

教学内容：时尚健身操舞组合创编。

教学目标：培养学生自主学习的意识，发现健身操舞的动作变化方法，体验与他人协作创造的成功喜悦。

教学步骤：

（1）体育教师提问："通过前几节课的学习，知道时尚健身操舞的动作变化的因素有哪些？如何进行编排组合？"分小组交流、讨论，在此基础上进行小组的集体练习。

（2）学生自己阅读观看健身操舞资料，学习健身组合连接动作和动作组合的方式方法。

（3）体育教师提出操舞的变化要素基本要求。

（4）根据教师提出的要求，分小组自主创编时尚健身操舞组合和队形变化的练习。

（5）各小组在全体学生面前进行自编操舞组合动作表演。

（6）师生共同分析与评价。

三、合作式教学法

合作式教学法是指学生在小组或团队中为了完成共同的任务，有明确的责任分工的互助性学习的形式。

（一）合作式教学法的特点

（1）小组成员之间的相互依赖：每个成员都认识到自己与小组及小组内其他成员之间是同舟共济、荣辱与共的关系，每个人都要为自己所在小组的其他同伴的学习负责。

（2）个人责任：所谓个人责任是指小组中每个成员部必须承担一定的任务，小组的成功取决于所有组员个人的学习。在群体活动中，如果成员没有明确的责任，就容易出现成员不参与群体活动，逃避工作的“责任扩散”现象。

（3）社交技能：不合作的原因往往不是学生缺乏合作的愿望，而是学生缺乏合作的方法——社交技能。因此，教师最好在传授专业知识的同时教学生掌握必要的社交技能。

（4）小组自评与互评：为了保持小组活动的有效性，合作小组必须定期地进行评价小组成员和小组之间的活动情况。

（二）合作式教学法的教学步骤

（1）进行组内异质、组间同质的分组：根据班级的规模、场地器材、学习内容，将学生分成若干个6~8人组成的异质合作学习小组，组与组之间同质。

（2）制定合作学习小组的学习目标：在体育教师的指导下，根据本单元的学习主题，由小组的全体成员共同确定学习目标。

（3）选择学习的具体课题，并进行组内分工：具体课题应由师生共同研究确定，具体课题的选择与进行应来源于学生的“最近发展区”。

（4）合作学习的具体实施：在小组长的组织下，围绕学习的主题，小组成员各司其职，各尽其能，共同完成学习任务。

（5）小组间的比较与评价：组间交流与反馈，教师和其他小组的同学进行分析，分享学习与研究的成果，纠正不足，提高学习能力。

（6）学习效果的评价：从合作技巧、合作效果、合作是否愉快、进步程度等方面对合作小组和个人进行评价，并做好记录。

（三）合作式教学法案例分析

教学内容：投篮得分。

教学目标：学生能够准确近距离投篮得2分；学生能够准确中距离（2~5米）投篮得3分。

教学步骤：

（1）根据学生情况，进行异质分组（4~6人为1组）。

（2）分组观看投篮教学录像，了解投篮的具体方法和要求。

（3）小组内合作，研究投篮的方法。一人投篮，一人传球，其他小组成员观摩与纠正，相互之间进行鼓励。

（4）小组间进行比赛，激发组间竞争和集体荣誉感。

规则：在距离篮筐3~5米处（根据学生能力决定），围着篮筐摆放5个标志桶作为标记，学生可选择不同的标记作为起点；每人轮流投1球，其他队员协助捡球；每次投球碰筐计1分、投入计2分，全组在同一标记上取得15分后，转到其他标记继续投篮；最先完成任何两个标记的组为胜。

四、运用体育教学方法的注意事项

（一）运用体育教学方法要树立整体优化的观点

每一种教学方法都有各自的功能、特点及应用范围和具体条件，同时，体育教学内容不同，教学对象、条件不同，所选择的教学方法也不同。为了有效地完成教学任务，教师必须坚持系统的观点，把教学方法本身看作一个有机的系统，用优化观点统筹多样化的教学方法，注意各种教学方法之间的有机配合，充分发挥体育教学方法体系的整体功能。例如，教师在运用各种教学方法时，不仅要让学生观察，还要让学生看、听、想、练相结合，看、听是前提，想、练是深入，它们之间相互联系，相互促进。发挥视觉、听觉、动觉、思维整体效果，是提高教学质量的关键。实践证明，单一使用某种教学方法难以满足体育教学的要求。

（二）运用体育教学方法要坚持启发性

坚持启发式教学是运用体育教学方法的指导思想。要求教师从学生实际出发，采取各种有效的形式，激发学生的学习兴趣和求知欲望，最大限度地调动学生学习的积极性和自觉性，激发学生的主动精神，创设情景，启发学生积极地开展思维活动，引导学生通过身体活动和体验，掌握体育基础知识、技术。坚持启发性教学可培养学生思考问题、分析问题、解决问题的能力，能有效地培养学生的体育学习能力。

（三）运用体育教学方法要有针对性

教学方法缺乏针对性难以取得好的效果，教师要在对体育教学方法全面了解和掌握的基础上，根据体育教学的不同情况，从中选择最有针对性，最能发挥独特性能的方法。例如，同样是教授运动技能，在运动技能形成的不同阶段如何运用语言法、直观法、练习法，应该是有所不同的。又如，同样性质的篮球教材，是采用完整法、分解法，还是采用游戏法或竞赛法也应视具体情况而定。再如，学生在教授垫上练习前后滚翻动作时，有的学生出现错误，就要针对他出现错误的原因采用恰当的纠正错误动作的方法。

（四）运用体育教学方法要有灵活性

尽管教师在备课时根据体育教学目标、教材内容的性质和特点以及学生实际设计了体育教学方法，但在实际教学中，往往有各种变化，因此，要根据实际情况，灵活地、创造性地加以改变。例如，教学中教师要观察学生注意力、情绪等方面的变化，动作质量、出汗程度等方面的情况。

◎ 讨论与思考：

1. 体育教学方法的概念？

2. 体育教学方法的分类和主要内容有哪些？

3. 完整法与分解法有何不同？如何运用？

4. 变化练习与循环练习有何意义？

5. 教学实践中，如何有效运用现代体育教学方法？

第七章　体育教学组织管理策略与案例分析

☞ 引言

体育课教学组织与管理是指教师通过协调课堂内的各种教学因素，组织引导学生学习、保证体育教学秩序和效益，从而有效地实现预定的教学目标。体育课教学组织与管理是稳定教学秩序，保证教学活动正常进行的基本措施，也是提示教学效果，激发学生学习积极性的重要手段，它贯穿于课堂教学的始终，对于有效提高课堂教学质量具有十分重要的意义。

☞ 学习目标

通过本章的学习，使学生理解体育教学组织与管理的重要意义，明确体育课教学组织形式的类型和教学组织形式的选择，对体育教学中教学队形与调动、场地器材布置、突发事件的处理能够有效实施。

第一节　教学组织与管理概述

一、体育课组织教学阶段划分的依据

（一）课堂组织教学的需要

任何一个完整、独立的事件，就其存在的有限过程而言，一般都可以划分为开始、基本、结束三个阶段。课堂教学是教学过程的逻辑单位，是有时间限制、有组织的教学过程，它必须符合教学活动的时空界限，课堂上教师教的活动与学

生学的活动，都是按照确定的目标，以一定的形式和程序启动，进而生成和展开的。

尽管课堂上师生双方扮演着不同的角色，但从组织教学的角度，课堂教学的进程基本上可概括为“开始-发生、发展-结束”。几个相互联系的阶段组成的一个完整的统一体。从教学的内部进程来看，上述进程也可以理解成教学导人、教学展开、教学总结三个阶段。这种阶段性体现了课堂组织教学的一般规律，突出了课堂教学过程中“教师-学生”的互动，对于所有的课程包括体育课都有指导意义，只不过各门课程在具体的内容、方式等方面有着各自的特点。

体育课堂教学主要是在体育场馆或室外场地进行，教学环境是开放和变化的，受到的干扰因素较多，学生大部分时间处在不断变化、多种形式的运动中，因而使得体育课教学组织管理工作更加复杂，阶段划分对组织教学显得尤为重要。从时间的全程上看，教师“教”所经历的内容基本上可分为动与组织、引领与指导、保护与帮助、总结与布置作业。学生“学”所经历的内容基本也可分为身心准备、视听思维、学练参与、巩固提高、恢复调整。体育课堂教学正是这种“教”与“学”复合、互动的过程，这使得体育课堂教学的发展进程可划分为三个阶段：开始部分，包括教师启动与组织，以及学生身心准备等内容；基本部分，包括教师引领与指导、保护与帮助，以及学生视听思维、学练参与、巩固提高等内容；结束部分，包括教师总结与布置作业以及学生恢复调整等内容。

（二）学生肌体工作能力的变化

由于体育课堂教学是以身体练习为主要形式，学生身体各器官直接参与活动，要承受一定的生理负荷，这就决定了体育课堂教学要实现学生身体运动，要学生承受一定的生理负荷，这就决定了体育课堂教学要实现学生身体的机能状态由 常态（安静）转换到运动态，并通过积极的身体活动，使人体的机能状态达到必要的水平，并在一定的高度波动，处于一种相对的稳定状态，而只要停止身体活动，人体机能状态就会自行逐渐恢复到常态。这样学生的身体机能活动及工作能力在一次体育课中，会呈现一个“上升-稳定-下降”的变化。

体育课堂教学中学生机体工作能力“上升-稳定-下降”的变化，体现了人在承受一定的运动负荷时生理机能活动能力变化的规律，同时，也是一种主动通过组织教学安排来实施调控的过程，基本上同体育课堂组织教学的开始部分、基本部分、结束部分三个阶段相对应。一般而言，在开始部分，身体机能由常态转换到运动态的时间不能太短，否则身体由于自身的惰性难以正常承受；也不能太长，否则将影响基本阶段学生机能状态所应达到的必要的水平和维持的时间。基本部分作为体育课堂教学的主体，使机体“维持”工作的能力处于最佳状态，反映了对学生身体活动的度的把握与量的控制。而在体育课结束部分的身体活动，则是使学生机体逐渐恢复接近相对安静时的水平而做出的有意识的安排。

从课的组织教学来看，学生机体工作能力的变化还有更宽泛的意义。具体来说，开始部分不仅要实现生理机能的状态转换，还要实现教学心理的心态转换和活动主体的角色转换。而结束部分要把心理状态由兴奋恢复到平静则相对需要一定的时间，为了不影响下一堂课的学习，心理调整也是这一部分的显著表现。

二、体育课组织教学的阶段特征

体育课堂教学的结构由一节体育课中所包含的几个主要的教学环节组成，也可以理解为由几个主要的上课步骤组成。体育课堂教学的结构决定着课的规模和进程，因此，认识体育课堂教学的结构是设计体育课堂教学和提高体育课堂教学效果的前提。

（一）准备部分

准备部分的内容按其性质可分为组织教学所必需的课堂常规、一般性准备活动和专门性准备活动。

准备部分组织教学所必需的课堂常规，主要包括全班集合整队、检查人数、宣布课的教学目标与要求、检查服装、安排见习生等。

准备部分要求用较短的时间将学生组织起来，集中学生精神和注意力，明确教学目标与要求；调动起学生的学习积极性，使学生身体各系统的机能迅速进入工作状态，在生理及心理上为体育学习做好充分的准备。

（二）基本部分

基本部分的内容包括课程标准所示的学习内容（领域）和结合本地区、本实际情况所选用的具有校本特色的教材内容，同时根据课的教材内容的性质和学生特点，选择和安排必要的辅助练习、诱导练习和体能练习内容。

基本部分是完成课的教学目标的主要环节，通过讲解、示范、练习等，让学生建立动作表象，通过各种练习，学习运动技术，提高运动技能，发展体能，并让学生体验运动技术学习与锻炼的乐趣，使学生掌握科学锻炼身体的知识学习技能和方法，培养良好的思想品质和行为习惯。

（三）结束部分

结束部分的内容主要采用各种放松性手段进行练习后的整理活动，使学生放松身心，促使其恢复到相对安静状态；总结本课的教学情况，提出需要注意的问题，布置课外锻炼作业，预告下次课的内容等。

结束部分主要是有组织地结束课的教学活动，它作为一堂体育课不可缺少的环节，既反映了课堂教学内容的客观要求，又是课堂教学自身科学性的体现。

开始部分、基本部分、结束部分互相衔接，它们紧密联系、和谐统一地构成体育课的整体。基本部分是完成体育课教学目标的主体部分，而开始部分和结束部分不仅为基本部分服务，也具有自身的教育和教学因素。由于体育课教学练习内容的丰富性和练习方式的多样性，使同一教材内容的体育课的开始部分、基本部分、结束部分安排各异，呈现出不同特点。但无论怎样选择练习内容与练习方式，都必须围绕体育课的基本部分进行选择与组织。

三、体育课的结构

将一节体育课划分为开始部分、基本部分和结束部分三个阶段，既可以理解为一节课中所包含几个主要环节，也可以理解为一节课由几个主要的上课步骤组成。各个阶段都有着它的特殊作用，并体现不同的特征。

从教学的内容进程来看，上述三个阶段也可以理解成教学导入、教学展开、教学总结三个阶段。

体育课中的各个阶段都有着它们特殊的作用，其各自的组织与管理的目标与内容也各不相同。体育课堂教学的结构如图 7-1 所示。

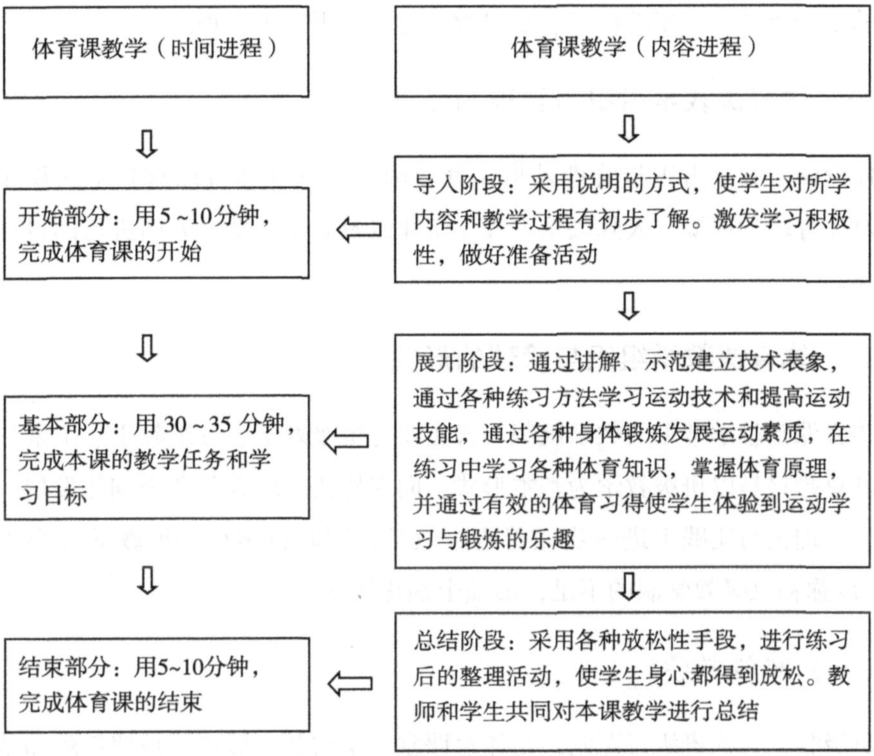

图7-1　体育课堂教学结构

第二节　体育课教学组织与管理的形式

审视教学组织形式的演变过程，会发现教学组织形式的变革并非直线式的，而是复杂多样的。一段时期内，一个国家往往会出现多种教学组织形式并存的局面，甚至有的曾经被弃用的教学组织形（或教学组织形式方面某些规定和做法），后来又被肯定和采用，即使同一教学组织形式也有许多变式。以班级授课制为例，世界各国许多学校的教学组织形式可能都是班级授课制，但各自对班、课、时的规定，以及师生的联系等情形又颇有差异。有的完全抛弃传统的班级授课制，有的试图从某一侧面对其加以改进，有些新异的教学组织形式是小范围内的实践与研究。根据R. H. 艾迪森的研究，20世纪60年代以来，美国学校的教组织形式从“最保守的”完全的学年制、同年龄组织、班主任制到“最进步的”完全的不分级制、多年龄组织、小对教学等，不下二十余种。

一、体育课教学组织与管理的概念

体育课堂教学组织与管理是指体育教师为了保证体育课堂教学的秩序和效益，对体育教学环境、人际关系、教学纪律以及教学反馈等方面进行的设计与控制工作。

二、体育课教学组织与管理的形式

体育课堂教学常见的教学组织形式主要有班级教学、分组教学、个别教学三种。其总趋势是以班级教学为基本形式，向多样化、综合化和个别化发展。具体来说，从理论与实践上进一步完善班级教学，同时也施行分组教学（小集团教学），以弥补班级教学制的不足，加强个别化教学。

（一）班级教学

班级教学又称班级授课制，是体育课堂教学的基本形式，是把年龄和基础相近的学生，编成固定人数的班级集体，把学生集体作为指导对象，有统一的上课时间，按规定的内容，组织教材和选择适当的教学方法，向全班学生进行授课的教学组织形式。这里的“班”不仅是传统意义上的“行政班”或“自然班”，也包括对它进行改造后形成的“班”。

从目前来看，体育课堂教学的班级编制形式多种多样，一种是把一个年级的学生编成若干个班叫单式班级编制；另一种是把两个年级或两个年级以上的学生编成一个班叫复式班级编制。还有的是按运动水平、体育兴趣、性别等标准划分班级的。

1. 行政班（自然班）

行政班（自然班）是以原有的教学行政班为单位进行体育教学活动。这一组织形式固定性强，组织比较方便，学生相互之间比较了解。但学生具有个体差异、体质健康差异、运动技能差异，很可能出现“吃不饱”和“吃不了”的现象。

2. 男女分班

随着学生年龄的增大，男女生在身心发展方面的差异越来越显著，如体能、技能、兴趣和爱好等。因此，有条件的学校到了高中阶段大多采取按年级男女分班上课的形式。为了方便教师的教学，通常的做法是将两个平行班放在一起排课，男生由一位老师上课，女生则由另一位老师上课。这一组织形式有利于教师根据男女学生不同的生理和心理特点，有针对性地制定目标、选择与安排内容、采用教学方法与组织形式进行教学，以提高体育教学的质量。

3. 按兴趣爱好分班

按兴趣爱好分班是尊重学生的兴趣和爱好，让学生选择自己喜欢的运动项目，重新编班后的教学组织形式。按兴趣爱好分班可以在同一个年级打破班级界限，按所学运动项目重新编班进行选项教学。即使学生在不同年级，也可以打破年级界限，按所学运动项目重新编班进行选项教学。根据学生的兴趣和爱好分班，可以调动学生的学习积极性，促进学生自觉地从事体育活动，使他们真正获得更多的知识和技能。

班级教学的优点：①一名体育教师同时教 40~50 个学生，受教育的学生多，体现出教学的高效性；②学生能用较快的速度来掌握体育知识和技能，从而完成统一的教学计划，体现出教学的实效性；③能较好地发挥教师的主导作用；④便于体育教师对课堂教学进行管理。

班级教学的不足：①难以照顾学生的个别差异；②不利于学生探索精神、创造能力和实际操作能力的培养；③学习者之间缺乏明显的联系。

（二）分组教学

分组教学是把一个班分成若干小组，教师以组来进行指导的教学形式。这种教学既保留了班级教学的长处，又能在一定程度上解决区别对待的问题，即教师可以根据各个小组的不同特点进行不同的指导。这种分组是以学号、身高来进行的（机械分组）。每组指定有小组长，通常起着“小教师”的作用。近几年来，随着教学改革的不断深入，在体育课教学中也涌现出多种分组方式。

1. 同质分组

同质分组，是指分组后，同一小组内的学生在体能、运动技能、兴趣爱好等方面大致相同。因此，可以按体能状况、运动技能水平、性兴趣爱好等进行分组。优点在于能增强活动的竞争性，符合学生争强好胜的性格，提高学生参与活动的兴趣，但这种以运动能力为划分标准的分组还会使学生产生优劣感，甚至造成学习意欲的下降。

2. 异质分组

异质分组是指分组后，同一小组内学生在体能和运动能力方面均存在差异。它不同于随机分组，它是人为地将不同体能和运动技能水平的学生分成一组，或根据某种特别需要对“异质”进行分组来缩小各小组之间的差距，以利于开展游戏和竞赛活动。

3. 友情分组

友情分组是在学生有自主选择练习伙伴的情况下，大多数学生会选择与自己关系较为密切的同学在一起进行练习，这就是友情分组。在友情分组中，由于学生相互之间的信任度高，依赖性强，思想一致，因此，在学习过程中更能发挥各自的作用，往往容易形成合力，凝聚力强。

4. 帮教型分组

帮教型分组将运动技能水平有较大差异的学生分到一组，使水平高的学生直接对其他学生进行帮助，以达到帮、带的目的。这种分组形式所达到的教学效果要比教师一人对众多学生进行指导好得多，同时这种形式也是主体学习的一种体现。但不可忽视的是，帮教型分组易导致帮助者产生优越感、被帮助者产生自卑感的现象，因此，在运用时应慎重。

分组教学的优点：①有利于因材施教。分组教学能根据学生的不同能力水平，甚至不同的兴趣分成几个小组，对不同的组提出不同的要求，采用不同的教学方法进行教学，能适应学生的能力和要求，照顾了学生的差异。②有利于教师组织教学，提高教学质量。

分组教学也存在不足，主要是不利于学生个性的健康发展，能力强的学生易滋生骄傲情绪，能力差的学生会产生自卑感。

（三）个别教学

个别教学作为世界上最古老的一种教学组织形式，之所以至今仍有它存在的价值，就在于这种组织形式从真正意义上照顾了学生的个别差异，使学生的潜能得到充分发展，有利于因材施教，有利于培养学生的自学能力、独立思考能力等。但由于其效率低，难以适应教育普及的需要，且由于缺乏学生间的互相交流和学习，不利于学生的社会化发展。

第三节 体育课教学组织与管理的内容与方法

一、教学秩序的组织与管理

教学秩序可以维护体育教学的和谐关系，也为每个人提供了体育教学日常的行为规范。

（一）建立课堂常规

为了提高体育教学的有效性，在体育教学过程中，从一开始体育教师应给学生建立明确的规范和学习常规。应简单明了，符合学生和学校的实际，并具有教育性。

（1）合理性：好的规章制度必须是合理的，它要考虑到学生的年龄和能力，要能被学生所理解和接受。在体育课中的安全制度的制定是非常最重要的。

（2）清晰明了：规章制度不能模棱两可，而应该清楚地说明做什么。例如，“所有学生必须参加体育课程的学习，不能上课的学生必须请假”。

（3）可实施性：体育课的规章制度必须是可操作的，如规定“课中学生必须穿运动服”是可实施的。

（4）一致性：体育教学中的每项规定必须明确，如“无论什么季节，不许戴帽子上课”。

（5）严格执行课堂常规：体育教师要始终如一地贯彻执行已经订立的规章和制度。体育教师不能意气用事，而应根据规范采取行动。

（6）合理使用指导与指令：在体育教学过程中体育教师能够简单明确地给学生以指导和指令，使学生能够非常清楚地知道应该做什么，不应该做什么。体育教师能够清晰准确地为学生提供体育学习的具体目标、内容、方法等方面的信息。使学生对学习什么，如何学习等都有一个清楚的认识。

（7）善于集中学生的注意：体育教师要能够将学生的注意力集中在相关的学习内容上，在体育教学活动转换的过程中，体育教师能够及时准确地发出信息，使学生能够更好地明确体育教师的意图，跟上教学的安排。

（二）处理好约束与自主的关系

一节好的体育课，既要有约束又要有自主，要做到约束合理，自主适当，靠教学的组织与管理进行调控，因此在进行体育课堂教学组织与管理时必须处理好出现的一对矛盾，如图 7-1 所示。

表 7-1 **体育课堂教学约束与自主的情景对照表**

在体育课堂教学中应该强调约束的情景	在体育课堂教学中应该强调自主的情景
1. 进行课堂常规活动时	1. 进行自主准备活动时
2. 进行队列练习时	2. 进行分组学习时
3. 学习新教材时	3. 进行探究活动时
4. 进行集中讲解示范时	4. 进行反复练习时
5. 进行集体练习时	5. 进行创新性活动时
6. 进行集体纠错时	6. 进行互帮互学时
7. 进行教学比赛时	7. 进行个人和小组总结时
8. 进行必要的教育时	
9. 集体进行放松练习时	
10. 教师进行总结时	

（三）营造和谐的师生关系与课堂氛围

在如何维护课堂教学秩序，使学生的行为与教师的期望保持一致上，传统的思维方式总是习惯于用严格的纪律将学生的行为局限于某种范围之内。实际上，课堂教学秩序并非只是课堂纪律功能的表现，和谐的师生关系、课堂氛围都是达到维护课堂教学秩序的重要条件。这是因为教学过程是由教师与学生共同构建的，伴随教学过程的秩序也应该是教师和学生共同合作形成，即维护课堂教学秩序是师生共同承担的责任。这种合作性秩序强调要营造和谐的师生关系与课堂氛围。

当代学生的自我意识逐渐提高，他们渴望受到尊重，建立民主、平等的师生关系是实现和谐课堂氛围的基础。在教学活动中不仅需要学生尊敬教师，同时教师也应尊重学生的个性与人格尊严，让学生感到自己是具有独立人格的被尊重关爱的人。同时，教师必须不断加强自身修养，提升人格魅力，在无形中引导学生，在师生之间形成相互尊重相互信任的民主。

在教学方法的设计中要运用学生容易接受的教学方法，尽量营造有利于学生学习和参与的各种氛围，让学生愉快、主动地学习。要善于让不同水平、不同接受能力的学生都能感受、体验体育运动的乐趣，都能获得成功的喜悦，这样不仅可以激发他们的学习兴趣，还能充分发挥他们的聪明才智。教师还要在学生之间营造一种竞争、合作的氛围，充分发挥动态的集体力量，激发学生个体与个体、个体与群体、群体与体间的交往、讨论。同时，形成一种在自学、自练基础上相互帮助、相互纠错，共同提高的学习环境。

教师要把激励渗透到课堂。对学生在课堂上的学习行为，要多给予积极、及时的激励性评价，不断帮助学生树立自信，让学生体验到成功，形成表扬—努力—成功—自信—再努力—取得更大成功的良性循环。教师要提供一个宽松的环境，善于调控学生的情绪变化，消除紧张、拘束等不良情绪，让学生保持愉快、积极上进的心境，对教学持积极参与的态度，这样才能形成轻松、融洽、合作的课堂氛围，共同完成教学任务。

二、教学队伍的安排与调动

体育课教学从开始到结束都离不开队伍的安排与调动，课中合理安排、及时调动练习队伍，不仅能严密教学组织，而且有利于师生的课堂交流。

（一）调动队伍的方式

1. 口令指挥调动队伍

队伍调动多数情况下是在教师的口令指挥下完成的，准确的指挥口令在队伍调动上就显得格外重要。口令的准确，表现在指挥口令的唯一性上，下达的口令要做到学生能快速正确理解。此外有些口令如预令和动令，预令喊清楚，引起学生的注意，动令要果断有力。指挥口令不能自始至终只是一种声调、一种情绪，要根据不同的场面情况用不同的声调语气和情绪进行指挥。体育课开始时或练习场面不太整齐时，口令要洪亮有力，语气激昂，指挥声调提高，以求集中学生精力；当学生都进入了角色，课堂氛围比较好时，就应该用柔和的语气，降低声调，用体现关怀和融洽的声音来指挥。切忌无论在什么情况下指挥口令都处于严肃状态，使课堂处于紧张的气氛当中，不利于教师与学生之间的融洽。

指挥低年级学生或复杂的队伍时，可在喊口令时加手势，指示方向或要达到的形式。例如，喊向右转时，教师以右臂侧举向转动方向挥动，表示达到的形式；用口哨长短、快慢、强弱等指挥变化队形。

2. 标志辅助调动队伍

队伍变化复杂时，教师可在地上画上方向路线、图形或范围，也可以用合适的材料做成标志物，放在关键地方，标明行动方向路线，使学生能一目了然，迅速行动。教师示范引导调动队伍，也可用标志物辅助的方法。

3. 采用游戏、音乐调动队伍

采用一些游戏和竞赛的练习进行队伍调动。例如，“看谁集合快”“看谁记得牢”“抢位练习”等都可以用作调动队伍的手段，而且学生对此兴趣浓厚，积极性高。此外，用节奏鲜明、欢快的乐曲伴奏指挥调队效果较好。

（二）体育课教学队伍安排与调动的基本要求

1. 教学队伍安排必须以有利于学生学习为前提

构成体育课教学队伍组织的因素包括队形、学生的站位、队伍的基本方向和基本路线四种。

根据教学内容的特点，从有利于教师讲解、示范、指导，有利于学生观察的角度，选择和运用各种队形。通常，不同的教学内容，教学队形也有所区别。例如，初学健美操主要由教师领做，可采用半弧形学生交错站队形式；学习跨栏跑时，学生应侧对栏架站立，以提高观察效果；分组依次做跳箱动作时，为了便于学生之间相互观察，使练习井然有序，可采用斜纵队或纵队练习；活动性游戏较多时，采用圆形队形等。队形安排应便于学生听讲解、看示范，队形应与其练习方向、行进路线尽可能保持平行。如学习蹲距式起跑，让学生分布在跑道两侧，采用单或双排对面站立队形，教师在两行之间讲解、示范。

2. 队形安排要方便学生互相观察

例如，在进行往返接力比赛跑时，如果队形安排是前后重叠的队伍，就不便于后边同学观察，如果把队形安排成扇形，学生既能直接参加比赛，又能清楚地看到比赛场面。

学生的站位应尽可能满足“三背向”“三面向”。所谓“三背向”就是学生的站位应背阳光、背风沙、背干扰；“三面向”就是学生的站位应做到面向教师、面向练习场地、面向练习器材。要求学生面向教师，目的是使学生能最大限度地看清教师的示范动作，听清教师的指导，同时也便于教师观察学生。要求学生站位与场地器材结合，目的是便于学生观察同伴、互帮互学，体现学习的连续性和高效性。

3. 把握合理调动教学队伍的时机

体育课教学中，队伍调动是必不可少的环节。队伍调动体现了教师对教学内容的把握和教学方法的选择，课堂上学生队伍的调动，应以教材内容为中心，紧扣教学方法，把握好运用时机。通常，在以下情况下出现学生队伍调动：①调整和变换队伍，为准备活动服务。②由讲解向示范转换时，或在各练习之间相互转换时，或者变换练习地点，多采用队伍变换作为纽带，承上启下，合理过渡，紧密衔接，使体育课组织教学严谨。

在一堂课中教学队伍调动的时间不宜过长，次数不宜过多，调动队伍时，应尽量缩时间，并使学生积极配合课中队伍调动，做到步调一致，提高教学效率。

4. 教学队伍安排与调动要防止盲目追求形式

体育课教学队伍安排与调动要有明确目的，既要避免由于随意性导致课堂一盘散沙，甚至连正常的教学秩序也无法保证，又要防止由于过度要求学生队伍整齐划一，使课堂气氛紧张有余，活泼不足。有的为了好看，盲目采用菱形队形、梅花形队形、放射形队形等。总之要根据课堂教学需要，恰当、适时、巧妙地运用队形来组织教学。

5. 队伍安排与调动要符合安全的原则

安排学生队伍进行任何练习时，都应以相互不妨碍为原则，特别是一些投掷类练习项目，如果练习队形、站位不合理，很容易导致事故发生。长投项目的练习，常用的队形一般为横排，学生单向或两列横队相背成投掷队形站位；短投项目的练习，采取向圆心或放射状队形练习为宜，不仅可增加练习兴趣，而且能减少不安全因素。

三、体育器材的布置

体育场地器材是进行体育教学的前提条件，体育场地器材布置是体育教学特有的组织工作，是实现教学目标的物质保证。合理布置体育器材，不仅能充分利用体育器材，增加学生练习的次数，而且能创建优良的教学环境，有利于保证安全，调动学生的学习积极性，提高教学效果。

体育课教学所需要的器材既有固定在体育场地上的篮球架、排球柱、乒乓球台、单杠、双杠、滑梯、爬杆等器材，还有在体育器材室存放的篮球、排球、足球、乒乓球、垒球、实心球、体操垫、跨栏架、哑铃等常用器材。此外，还包括自制的器材，或由一些如橡皮筋、毽子、小沙包、胶圈，稍加改造或直接用于体育课程的体育器材，如橡皮筋、铲、小沙包、胶圈、胶棒、纸棒、饮料瓶、易拉罐、彩带等，这些器材要结合场地使用。体育课器材安排方法主要有：

（一）体育器材的摆放

1. 相邻安置法

相邻安置法是指进行两项教学内容练习时，所需用的器材安排在相邻的场地中。这种安排的优点是当进行第一项教学内容时，已经考虑到了第二项教学内容的器材使用，以便尽量减少队伍调动，避免浪费时间。

2. 重叠安置法

重叠安置法是在同一场地内安排两项教学内容所需要的器材，并相继进行练习。这种安排的优点是可以发挥场地的潜力，提高场地的使用率，对缺乏场地或场地过小的学校可采用此法。如在“技巧和圆周跑接力”一课中，课前先用石灰粉画好一个半径 10 米的圆，再把 4～6 块垫子均匀地放在圆周内靠近边线的地方。课的准备活在圆周上进行，然后把学生分成 4～6 组分别站在垫子一边练习技巧，之后再按原来的分组在圆周上练习圆周接力。

3. 流水安置法

流水安置法是一节课中要进行两项以上的教学内容时，以流水作业的形式安排使用器材，这种安排方法适用于场地器材条件较好的学校。

安排两项教学内容时，一种器材的安放需顾及另一项教学内容的进行，注意器材之间的距离，把器材放在体育教师的视野之内，让教师随时能观察到全班学生的练习情况和器材的使用情况。

（二）体育器材的收发

体育课教学需要的大型器材，如跳箱、山羊、跳高架等，教师应提前将器材布置于场地，但还有大量人手一物或两三人共同使用的小型器材需要在教学进程中分发和回收。如何组织学生有序、安全地收发器材，对保障体育课教学的有序、顺畅，减少使用的盲目、混乱，能起到关键性的作用。

体育课中器材的收发，要有明确的组织措施，教师在课前应周密考虑。如体操绳、棒或武术教材中使用的剑、棍、刀等，是采取排头去领取分发，还是纵队依次领取，或是课前就布置预定的场地上等，都要有明确的规定和具体的要求，且做到领取器材选准人、发放器材有秩序、收回器材要及时、回收器材归原位。这样在课中使用器材才能省时高效、有条不紊、确保安全。如果是一些极易造成伤害的铁制和尖锐器材，如投掷类器材，要听教师鸣哨后学生才能投出，其他同学必须站在规定的安全区域内，投出后听鸣哨收回器材，保证练习安全进行，避免造成争抢器材，导致器材损坏。器材的回收需指定专门人员进行，明确分工，保证课后体育器材的收缴。

四、体育教学中突发事件的处理

突发事件是指在教学过程中教师没有预料到的突然发生的事情。当教学中一旦出现学生违纪现象或有偶发事件发生，教师要迅速作出反应，及时控制，态度冷静，果断处理。

体育课上的突发事件有来自学生方面的原因，也有来自教师方面的原因，还有一些是来自非人为的原因。

（一）学生之间的过激行为

（1）教师要及时给予批评教育，制止学生的错误行为，控制事态发展。

（2）先平息学生情绪，问明原因后课后妥善处理。

（3）立即让当事人退出练习场地，脱离当时情境。或把当事人隔开，分在不同组里，避免再次出现摩擦。

（二）学生发生运动损伤

（1）教师要冷静，并紧急处理。

（2）让技术好、素质好的学生继续带领其他学生进行练习，以消除同学的紧张情绪。

（三）体育器材设备损坏

在使用器材设备过程中，由于使用年限过长或平时维护保养不当，或其他原因往往发生器材设备突然损坏现象，如体育器材突然断裂、录音机突然出现故障等。当体育器材设备突然损坏时，教师应保持冷静，安抚学生，调整课堂气氛使学生情绪稳定；迅速作出判断，撤离练习场地，改变练习方式；及时处理损坏的器械，以免造成对学生的伤害。

（四）外界环境干扰的应变措施

体育课教学中来自外界环境的干扰、主要有场地上其他班级上课的干扰、校园内外噪声干扰以及气候变化等。教师可主动让学生改变站向，或者采用做集中注意力的游戏，如教学比赛的方式，集中学生注意力。

五、影响体育课教学组织与管理形式选择的因素

（一）师生数量

体育教学组织形式直接体现为师生相互作用的方式，这种作用方式既可以在班集体中进行，也可在小组内或个体间进行，师生数量在很大程度上影响着体育

教学组织形式的选择和运用。如果教师多学生少，教学组织形式就可以小型化，并有多种教学组织形式可供选择；如果学生多教师少，则班级教学形式是较合适的选择。

（二）体育场地器材

体育场地是体育教学活动必要的空间条件，体育器材是师生发生互动的中介和传递教学信息的媒体。因此，体育场地器材直接关系到体育教学效率，也是优化体育教学组织形式的一个重要因素。如果学校场地器材充裕，体育教师组织教学就容易得心应手。

（三）体育教学目标和内容

体育课的教学组织形式主要取决于课的教学目标和教学内容。因为教学形式是为教学目标服务的。体育教学组织形式总是围绕一定的教学内容而设计的，不同的教学内容必须要求有与之相适应的组织形式。如武术教学可采用全班集体上课，而表现为技能、技巧学习的教学组织形式则以个别化、小型化教学为佳。

（四）学生个体差异

由于受各种条件的影响，使得学生生理、心理上有着不同的体育基础、兴趣和爱好，教师在选择体育教学组织形式时，应充分注意到学生在身体条件、兴趣爱好和运动技能等方面的个体差异，根据教学实际有的放矢地选择和采用适当的组织形式，才能确保每一个学生受益。

六、体育教学组织管理案例与分析

案例一　前滚翻（图 7-2）

1. 学习目标

学习掌握前滚翻技术动作，锻炼身体协调性，培养积极思考、大胆探索的精神。

图 7-2 前滚翻

场地器材：体操垫 8 块。

2. 教学组织过程

（1）教师启发学生集体积极思维，回忆滚动要点。

①教师提问设疑："我们在日常生活中，碰到什么样的情况需要我们做出前滚翻动作?"让学生去思考、回忆，然后举手发言。

②组织学生作答，发现几种可以回答几种。

③教师总结归纳：说明在生活中，当人们突然摔倒时，或从高山滚下时，身上着火时，躲避危险时等，会发生向前滚翻。

④学生认可后，教师对全体学生进行再启发向前滚的动作要领，即低头团身，快速前滚。

（2）组织学生分组，进行帮教分组的分组练习，并提示学生相互帮助与学习。

（3）教师组织学生练习并巡回观察，重点指导。

（4）如果出现分腿情况，如何解决?让学生自行设计并实践体验。

（5）教师组织学生集合，进行集体讲评，请优秀学生展示，进一步明确前滚翻要领与练习方法。

3. 评析

（1）组织学生思考，设疑导入，启发学生积极思维。

前滚翻是学生从小就见过的动作，都有一定的感性认识，对此，教师所设计的提问，既简单明了，又贴近生活实际，利用日常生活中的知识、经验，启发学生积极思维，进而使学生较快地掌握前滚翻的技术。

（2）从发现到学习，从被动到主动。

课的特点是运用启发与发现相结合的教法来引导学生对前滚翻进行思考，通过思考学生们发现，在不同的情景中滚翻的动作是有差异的，如从山坡上滚落时，应横向滚动，尽量减速；摔倒时应是一侧着地的滚翻等。学生对前滚翻动作在生活中意义有了深刻了解，从而提高对该动作学习的积极性，使学习由被动转向主动。

（3）组织学生进行帮教分组，教学组织形式灵活。

在教学组织方面，设计了帮教分组形式，以学生为主体进行教学，注重学生综合能力的培养，如课中安排相互进行保护帮助，让学生积极参与到教师的角色之中，加强学生之间的交流，并请完成较好的学生进行表演，增强其表现欲望。帮教分组形式使学生在课堂中能积极配合、相互指导、共同提高。

案例二　篮球胸前传接球（图 7-3）

图 7-3　篮球胸前接传球

1. 学习目标

初步掌握篮球胸前接传球技术，全面提高身体素质，培养学生团结合作的精神。

2. 教学组织过程

（1）准备活动。

①组织学生进行热身练习，如突出腿部的热身练习，如弹腿练习、柔韧练习。

②组织进行体育游戏，贴人游戏：围成一圈，选出两个学生，其中一个追逐另一个，被追的一方可以贴在其他人前面，更换人。要求追逐人用手去碰触对方，若捉住，两人交换位置，继续游戏。

（2）组织全体学生复习上节课内容（运球）。

（3）组织学习新动作，胸前传接球技术。

①教师示范胸前传球技术。

②教师讲解胸前传球技术要领。

③组织学生分组，学生分组练习，教师指导。

（4）结束部分，带领全体学生进行拉伸运动（两人一组进行拉伸式放松）。

（5）课后小结，布置作业。

3. 评析

（1）学习目标没有体现新课程的基本理念，缺乏安全提示或要求。

（2）分组教学比较随意，没有体现同质、异质或者兴趣分组的设计思路。

（3）课堂教学缺乏队伍的调动与管理。

（4）没有体现学生学习的主体性，被动接受学生占主导地位，学生缺乏积极参与和思考。

◎ 讨论与思考：

1. 简述体育课堂教学组织的意义。
2. 简述体育课堂教学的结构。
3. 体育课堂教学组织的基本方法有哪些？
4. 分析同质分组与异质分组的优劣。
5. 如何处理体育教学中的矛盾？

第八章　体育教学环境创设与案例分析

☞ 引言

教学环境是一个由多种不同要素构成的复杂系统，教师要想提高教学效果，就要为学生创设一个生动、温馨、丰富、新颖的教学环境。

☞ 学习目标

通过本章的学习，使学生理解教学环境以及体育教学环境的概念，知道体育教学环境的分类，学会对体育教学环境进行设计和优化，并能对体育教学环境设计的案例进行分析。

第一节　教学环境概念

一、教学环境概念

（一）教学环境概念的发展

人们对教学环境本质的认识越正确、越深刻、越全面，对教学环境的其他各项问题的研究也会越科学。教学环境概念的界定至今仍无一致的定论。国内有代表性的观点认为，教学环境是“学校教学活动所必需的诸客观条件和力量的综合，它是按照发展人的身心这种特殊需要而组织起来的育人环境”。①该定义从教学活动的需要出发，强调了教学环境的人为性。我们认为，作为一个科学概念的

① 《西北师大学版》（社科版），1992年第6期。

定义必须反映这个概念的客观内涵和外延，在界定教学环境时不能只从主观需要出发，因为需要是人对个人和社会要求的一种心理反应，它是一种主观状态。

还有把教学环境定义为“贯穿于教学过程中的影响教师和学生的生理、物理与心理因素的总和”。①显而易见，该定义的不足之处是，既然是环境，用“贯穿”来描述欠妥，因为中文“贯穿”意为穿过或连通，不便体现环境的相对稳定性。相对稳定性是教学环境存在的条件，也是它的一个显著特点。教学环境有一个构建过程，当其系统的体系形成后，便具有相对的稳定性。再者，定义中的“总和”一词改用“综合”将更加科学，因为“总和”意为全部加起来的数量和内容，不反映各环境要素之间的相互作用，而“综合”能表明教学环境各要素的联合性、统一性和整体性。此外，还应把教与学统一在一起研究。由上述可见，有必要重新界定教学环境的概念。当然首先应对环境和教学的本质加以探讨。

（二）教学环境的本质

教学环境是教学活动存在和发展不可缺少的自然地理条件、人员、语言和文化等基本要素的综合。这一定义反映了教学环境的本质。作为复杂系统的教学环境，教学活动处在核心地位。没有教学活动就谈不上教学环境。从结构上看，教学母系统由若干子系统构成，子系统又有它的子系统，以此类推。可见，教学环境也会随教学系统构成的变化而变化。因此必须具备运动、发展、变化的观点，才能认识教学环境。

二、教学环境的内容

在国内研究中，教学论专家李秉德先生在其《教学论》中提到，教学环境是教学活动七要素之一。就像他说的，有一个常被人忽略甚至无视的教学要素就是教学环境，任何教学活动都必须在一定的时空条件下进行，这一定的时空条件就是有形和无形的特定的教学环境。系统全面研究教学环境的田慧生研究员，其在博士论文和专著《教学环境论》中从教学环境概述，教学环境研究的历史现状及发展趋势：教学环境对教学活动及其学生身心发展的影响，评价教学环境的原理与方法，教学环境的调控与优化五个方面做了较为详细的论述。一般从教学论的

① 《东北师大学报》（社科版），1995 年第 3 期。

角度，教学环境的定义是，教学环境是一种特殊的环境，概括地说，教学环境就是学校教学活动所必需的客观条件和力量的综合，它是按照发展人的身心这种特殊需要而组织起来的育人环境。①

在使用教学环境一词时，如果以范围为标准，教学环境可以划分为广义教学环境与狭义教学环境。前者指一切制约教学活动的自然地理条件、人员、语言和文化因素的综合。后者仅限于与教学活动直接关联的具体的自然地理条件、人员、语言和文化因素的综合。即由教学活动所处的场所，如学校、班级；影响教学的物质因素、精神因素，教学活动过程中周围发生的各种事件，以及与教学实践相关的各种人际关系等综合而成。从本质上讲，这些内容都是自然地理、人员、语言、文化等相互作用的表现结果。以往的教学环境研究较多地局限于狭义教学环境而忽视广义教学环境，即局限于环境的表层现象而忽视了更深刻的背景。在社会环境发展变化较缓慢的时期，如人类的早期，这类忽视还无碍对这一问题的认识的大局。但是，随着人类社会的迅速发展，这类忽视就会导致无法估量的后果。

三、教学环境的分类

教学环境相对于环境是一个子母概念，它归属于环境之下，我国教学论专家李秉德和其学生田慧生博士分别在《教学论》和《教学环境论》中进行了详细深入的研究。在国外的研究中，就教学环境的定义和分类是五花八门的，由于对教学环境概念有不同的理解，因此分类也不尽相同，有以学校环境和班级环境分类的，也有以物理环境和心理环境分类的，还有不宜分类的。

教学环境有广义狭义之分。从广义上讲，社会制度、科学技术、家庭条件、亲朋邻里等都属于教学环境，因为它们在一定程度上制约或影响教学活动的成效。从狭义的角度，即从学校教学工作的角度来讲，教学环境主要指学校活动的场所，各种教学设备、校风班风和师生关系、生生关系等。一种分类从研究需要出发，在存在形态上把教学环境分为有形环境与无形环境，从局部特点上又可将其分为时序环境、信息环境、人际环境和情意环境。另一种分类从教学诸要素的主要特点上将其分为物理环境和心理环境（即物质环境与社会、心理环境），前

① 李秉德．教学论［M］．北京：人民教育出版社，2001.

者如校舍建筑、教学设备，后者如学校中的社会文化、学习气氛、多种人际关系、社会信息乃至生活经验等。影响教学环境的因素，李秉德先生在其《教学论》中提到了以下主要几种：一是空气、温度、光线、声音、色、气味，二是各种教学设施，三是社会信息，四是座位编排方式，五是班级规模，六是人际关系，七是校风班风，八是课堂教气氛，九是其他因素。

第二节　体育教学环境

一、体育教学环境的概念

体育教学环境作为教学环境的下位概念，它既是学校体育环境的组成部分，又是学校体育教学的重要影响因素。体育教学环境是指体育教学活动存在和发展所不可缺少的物质、社会和心理等基本要素的综合。各种环境因素以不同的形式，参与到体育教学的各个方面，并影响着体育教学活动的进程和效果。

二、体育教学环境的内容

从系统的角度来说，学校也是一个相对独立且较为复杂的系统，学校内部的一切事物，包括物化的、有形的、无形的，几乎可以说是体育教学环境的内容。其中，直接作用于体育教学活动，并对体育教学活动效果产生影响的环境因素有以下几种。

（一）气候、温度、光线、声音、气味、色彩

气候、温度、光线、声音、气味、色彩属于体育教学环境的物理性因素。这些因素会直接影响师生的身心活动，引起师生生理和心理上的不同反应。例如，在空气新鲜的场地上，能使人大脑清醒、心情愉快，从而提高教学效率。相反在灰尘弥漫、空气污浊的操场上，则容易使人眩目恶心，降低教学效率。其他诸如，气候、温度、光线、声音、气味、色彩等因素都对体育教学活动产生影响。恶劣的天气会导致师生教学活动能力的下降，强烈刺眼的光线会影响学生的视线，噪音会使人心烦意乱，注意力分散、单调的色彩使人感到沉闷，异味更对师

生的身体产生不利的影响，所有这些都是体育教学职能部门，乃至学校需要加以注意，并切实加以宏观调控的体育教学环境因素。①

（二）多种体育教学设施

体育教学设施是体育教学活动赖以进行的物质基础，也是构成体育教学环境的主要物化因素。体育教学设施包括众所周知的体育馆、田径场、球类场地、游泳池、教师办公室、教室、图书资料室、体育器材等。作为教学环境的重要组成部分，教学设施不仅通过自身的完善程度制约和影响着体育教学活动的内容和水平，而且还会以自身的外部特征给师生以不同的刺激。例如，体育馆建筑的不同造型、颜色，馆内外的布置，体育器材的布置等，都会对师生的精神面貌、教学的情绪和情感、教学效果和教学质量产生影响。显而易见，符合教学规律的，符合学生身心发展规律的多种体育教学设施的设置、安排，不仅会提高体育教学效果，而且也是培养学生健康的体魄、健全的人格，形成终身体育观的有力支柱。反之，亦然。②

（三）人际关系

人际关系是人们在社会交往中形成的各种关系。体育教学中的人际关系是指教师与教师的关系、教师与学生的关系、学生与学生的关系等，这些人际关系交织在一起，构成了体育教学的人际环境。这种人际环境的状态影响着教师和学生的情绪、认知和行为，从而影响体育教学效果。体育教师是学校体育工作的主体，他们之间良好的人际关系的形成，有利于教师在体育学科领域中的相互交流、相互学习、共同提高，有利于体育教师教学活动的顺利进行。学生间的人际关系也是影响体育教学工作的重要因素。

过去，人们总以为学生间关系比较单纯，对学生间的关系给体育教学带来的影响没给予足够的重视。实际上，由于家庭环境和学生自身情感与兴趣、道德修养、知识水平等方面的差异，学生间形成的人际关系也是很复杂的，有研究表明，在学生复杂的人际关系中至少会产生以下四种人际关系类别：人缘生、嫌弃

① 袁振国．新世纪的教育理想［M］．上海：上海交通大学出版社，1998.
② 仇军．现代教学论在体育教学中的思考［J］．沈阳体院学报，1990（3）：3-5.

生、孤立生、矛盾生。这些不同的人际关系对学生的思想、情感、学习效果乃至学生的人格会产生深刻影响。师生之间的人际关系是在教学过程中，师生交往的基础上通过师生间的相互认识、相互影响、相互交流而形成的。体育教学中师生关系对学生的影响是多方面的，影响学生对教师课程项目的兴趣，影响学生的学习情绪和学习效率以及锻炼效果，影响学生思想品德的发展。因此，作为体育教师，在平时既要注意自身的思想品德和工作作风的修养，又要努力提高业务素质，争取为体育教学创造一个良好的人际环境。①

（四）体育教学环境的调控

体育教学环境是由多种要素构成的整体系统，它与体育教学活动息息相关，体育教学环境的优劣直接影响着体育教学的进程，为了最大限度地发挥体育教学环境的正向功能，降低负向功能，实现体育教学环境的最优化，必须对体育教学环境进行调控。对体育教学环境的调控是多方面的，主要注意以下几点：

1. 重视体育教学环境的整体布局

构成体育教学环境的因素颇为复杂，既有物质的，又有心理的，既有有形的，又有无形的。只有当这些环境因素协调一致时，体育教学环境的积极作用才能得以发挥。因此调控体育教学环境，首先要考虑整体的筹划布局，把体育场馆周边环境的绿化、场内场外的布置、图书资料的购置、各类器材的设置、良好人际关系的建立、积极向上的班风学风的形成作为一个整体，来加以全面考虑和控制，注意体育教学环境的硬件建设和美化要符合学生身心发展的特点和教学基本规律，要遵循教育学、心理学、生理学、卫生学以及美学的基本原理，通过科学的调控，使体育教学环境真正成为塑造健康体魄，健全人格的统一体。

2. 重视体育教学环境中强势因素的作用

环境心理学研究表明，环境可以影响人的行为，环境的不同特性能对人产生不同的影响。将这一原理运用于体育教学环境的调控过程中，适当突出体育教学环境的某些特征，可以增强特殊场景下的环境影响力，使师生的行为发生积极的变化。例如，在体育馆、图书资料室、球类房的主要出入口，设置一面醒目的镜子，有助于整饬师生的仪容，约束师生的言行。在体育场馆醒目处，如通道口，

---

① 仇军．现代教学论在体育教学中的思考［J］．沈阳体院学报，1990（3）：3-5.

陈设体育格言箴语，将有利于学生开阔视野，激发他们学习体育、参与体育的热情。体育教学环境建设中充分发挥强势因素的作用是调控中的重要方面，但应当根据具体情境灵活运用，不能生搬硬套，这样，对体育教学环境的调控才能获得理想效果。

3. 重视体育教学环境调控中师生的主体作用

体育教学环境调控中教师的作用是不言而喻的，作为教育者要注意体育教学环境的调控，但是仅仅这样还不够，还应当重视学生在调控体育教学环境方面的作用。和教师一样，学生也是体育教学环境的主人，创造良好的体育教学环境的一切工作，几乎离不开学生的参与、支持和合作。良好校风、班风的建设、体育教学设施的维护、教学秩序和纪律的执行等，都与学生紧密联系在一起。因此，教师应当重视学生参与体育教学环境建设的主动性，培养他们对体育教学环境的责任感。只有这样，业已形成的良好的体育教学环境才能得到持久的维护，业已创造的良好体育教学环境在学生自觉不懈地努力中才会变得更加和谐、优美。①

三、体育教学环境的分类

毛振明将体育教学环境分为物理环境和心理环境。物理环境包括体育教学场地和设备、体育教学的自然环境、体育教学信息、班级规模、队列与队形等；心理环境包括班风与校风、学校体育的传统与风气、体育课堂常规、体育课堂教学气氛、体育教学中的人际关系等。② 不同学者对体育教学环境的分类如表 8-1 所示。

表 8-1　**体育教学环境的分类**

作者	体育教学环境构成要素
毛振明	体育教学的物理环境主要包括体育教学场地和设备、体育教学的自然环境、体育教学信息、班级规模、队列与队形等。体育教学的心理环境主要包括班风与校风、学校体育的传统与风气、体育课堂常规、体育课堂教学气氛、体育教学中的人际关系等

① 仇军．现代教学论在体育教学中的思考［J］．沈阳体院学报，1990（3）：3-5.

② 毛振明．体育教学论［M］．北京：高等教育出版社，2005：311.

续表

作者	体育教学环境构成要素
石振国 田雨普	硬环境指教学设备、场馆设施、教材及相关图书资料等。软环境包括国家教育行政部门及学校领导的行政及执行情况，师生及生生关系、学生心理及教师为学生创设的体育学习气氛等
周卫 李林	教学场地与器材设置，教师的仪表、姿态、情绪，教学群体的规模、组织及人际关系、课堂教学气氛等
张振丰 董亚林 蔡友凤	物质因素主要包括体育场馆、体育设备等。社会因素主要包括学生体育意识、体育能力、锻炼习惯，教学良好的氛围，学校体育竞赛成绩，各种体育团队活动，对体育的各种宣传活动等
姚蕾 马凌燕 辛娟娟	体育教学的物理环境：体育教学的场所、体育教学的设备；体育教学的心理环境：学校体育传统与风气、体育课堂教学气氛、体育教学中的人际关系

（一）体育教学的物理环境

1. 体育教学的场所

体育教学的场所包括体育馆和各种体育场地，如田径场、篮球场、排球场等，以及这些场地的周围环境，如阳光、空气、树木、草坪等。体育场馆的布置与建设除了要考虑学校整体的布局外，其位置、方向、采光、通风、颜色、声音、温度以及建筑材料等都必须符合运动和学生身心的特点以及安全、卫生与审美的要求。如田径场跑道的方向一般要与子午线相一致。再如体育馆的墙面和有些体育场地的地面颜色一般采用比较温暖的颜色，诸如柔和的黄色、珊瑚色和桃红色等，因为暖色调可使人在视觉上和情感上的兴趣趋向外界，可提高中枢神经的兴奋性，所以暖色调也特别适合幼儿园和小学的体育场地。体育教学场所同时又是整个学校校园环境的重要组成部分，蕴藏着极为丰富的文化内涵，因此应该成为学校最亮丽的风景和最吸引学生的地方。

2. 体育教学设备

体育教学设备主要有两大类：一类是常规性设备，如课桌椅、实验仪器、图书资料、电化教学设备等；另一类是体育器材设备，如体操垫、单杠、双杠、篮球、足球、排球、标枪、铁饼、铅球等。这些设备是开展体育教学活动的必备条件，对完成体育教学的任务起着重要的作用。

（二）体育教学的心理环境

1. 学校体育传统与风气

学校体育传统与风气是指一个学校在体育方面养成并流行的带有普遍性的重复出现和相对稳定的一种集体行为风尚，它是校风的有机组成部分。良好的学校体育传统与风气对学生会产生潜移默化的影响，对形成学生正确的体育态度、兴趣、爱好、养成良好的体育锻炼习惯以及提高学生的体育文化素养等方面都有着非常重要的作用。

2. 体育课堂教学气氛

体育课堂教学气氛是指班集体在体育课堂教学过程中所形成的一种情绪、情感状态，它包括师生的心境、态度、情绪波动、师生间的相互关系等。积极的课堂教学气氛有利于体育教师和学生之间的信任和情感交流，最大限度地激发和调动学生学习的积极性和自觉性，并且有利于帮助学生树立克服困难的勇气和信心。

3. 体育教学中的人际关系

人际关系是指人们在社会交往中所形成的人与人之间的心理关系。体育教学中的人际关系主要包括两个方面，一是体育教师与学生之间的关系，二是学生与学生之间的关系。这些关系又构成了体育教学中的人际互动过程，直接影响着体育课堂教学的气氛、体育教学的反馈以及学生的课堂参与程度和积极性，进而影响体育教学的效果。

四、体育教学环境的功能

（一）增效作用

增效作用是体育教学环境对体育教学活动给予的积极促进作用。实践表明，不同的环境因素往往通过不同的作用方式发挥着对体育教学活动的增效作用。例如，先进的体育场地设施，标准的、充足的体育器材，满足体育教学活动的各种物质需要，来保证、支持和促进体育教学活动的顺利进行。同时，物理环境也通过对体育教学活动主体发展的影响来作用于教学过程。对于无形的社会心理环境来说，它的增效作用的发挥则主要是通过建立良好的人际关系，形成积极向上的校风、班风，引导健康的集体舆论，去激励、感染、熏陶、强化学生的认识、情感和行为，进而对体育教学活动的整体效果起到强大的增效作用，有效促进学校体育工作。其表现形式就是学生的体育学习兴趣、锻炼积极性，在课外活动中以及学校的各项体育竞赛中予以充分体现。

（二）减效作用

好的体育环境可以促进教学活动的顺利发展，恶劣的、不良的体育环境条件则可以降低体育教学活动的效率。例如，嘈杂的环境将分散学生上课的注意力，满地尘土的球场会影响学生的健康，劣质的器材易使学生失去学习的兴趣，炎热的阳光下长时间的活动不利于学生的身体健康，紧张的师生关系会导致学生心理异常，不良的学习风气会使集体成员精神涣散。而这一切势必要妨碍学生的学习和发展，降低教学效率。其结果必导致学生对体育学习不感兴趣，课后锻炼积极性差，对学校的各种竞赛活动不关心，不感兴趣。环境的这种减效作用，应当是我们通过对体育教学环境进行不断调节、控制和优化还尽力加以排除和抑制的。

教学环境对教学活动的各个环节以及学生的智力发展、学习动机、学习质量、学习结果、身心健康、思想品质和审美观念等诸方面产生着重要的影响。体育教学环境作为体育教学的一个重要因素，它对于提高教学质量，促进学生身心发展具有重要的影响。

当前，在以人为本的和谐社会里，面对“健康第一，终身体育”的思想，体育教学环境对体育教学质量和现代人的全面发展有越来越大的影响。所以深入、系统地研究体育教学环境对体育教学的影响和对当前21世纪的教学改革的影响有很大的理论和实践意义。①

① 王军．论体育教学环境及其对体育教学的影响［J］．天水师范学院学报，2007，27（2）：3.

第三节　体育教学环境设计与优化

一、体育教学环境设计

体育教学环境设计是为了创造或改善教学条件，对学校体育教学环境进行的整体或局部的规划、组织、协调和安排。它既包括学校体育教学物理环境的设计，也包括体育教学心理环境的设计。体育教学环境的核心问题则是它的设计问题，体育教学环境的功能的发挥是建立在良好体育教学环境的基础之上的，但是这一重要问题，却被人们常常忽视。

（一）学校体育物理环境的设计要求

1. 体育场地设施建设要以培养学生全面基本活动能力和身体素质为依据

学校体育的重要任务之一就是全面发展学生的基本活动能力和身体素质。我们知道，走、跑、跳、投、攀登、平衡、悬垂、支撑、负重、搬运等都属于人的基本活动能力的内容，在机体的发展中有着重要的作用。在对全国 400 所中小学校进行了有关体育器材设施的调查后发现，400 多所中小学中竟没有 1 所学校有锻炼学生平衡能力的器材，多数学校没有攀爬器材，甚至有些体育器材设施种类近乎绝迹。在调查访谈中我们了解到即使有攀爬器材的学校也没有攀爬教学了。如肋木只用作柔软练习用，而忘记了它的攀爬的重要功能。

2. 体育器材设施的规格要符合学生身心特点

据研究者的调查表明，在中小学所广泛使用的体育器材设施存在成人化的现象非常严重。以普及较广的篮球为例，在中小学有 97%的学校的篮球器具都是不适宜的，其中 53%的学校使用成人球，99%的学校使用成人篮球架和球场；在中学全都使用成人的球具。这种不符合学生特点的器材设施是难以发展学生的身体、增强学生的体质的，相反，有时甚至由于重量过大会拉伤肌肉，运动强度过大会损伤内脏，对学生肌体造成显性和隐性的损伤。通过以上分析，科学设计包括篮球、排球、足球、羽毛球等体育器材设施就显得更为迫切了。

3. 因地制宜，建设、美化体育设施，营造良好体育氛围

中小学体育场地设施存在严重不足的现象，这已是长久困扰我们的事实，在目前教育经费短缺的状况下，我们只有因地制宜，自力更生，就地取材，充分利用各校各自的环境条件发挥各自校园的优势，科学地设计、巧妙地布置各种器材设施，这才是摆脱困境的唯一出路。校园无论大小，里面都有各自不同的地形地物，利用本校的地形、地物、地貌，如将学校房前屋后的空地、小山包、树木、废弃物品，改造成学校体育理想的场地和设施。如在水泥地板画上各种各样进行跑、跳等活动的图形；在围墙上设置攀爬墙；利用学校自然优势，发动学生和家长、社会和学校群策群力，协同制作水泥乒乓球台、沙坑等；利用河边的沙子可制作小沙包、沙袋作为投掷物；利用废弃的编织袋自制体操垫；利用废旧汽车外轮胎安装成各种健身器（如简易跑步器、吊桥等）。

4. 场地设施的布局要合理

首先，一般中小学每节课都要安排两项教材，一种器材的安排应顾及另一项内容的进行。器械安放的周围尽量避开其他物体。对于分组进行练习的项目，在安排器材时，应避免相互干扰，应注意器械的距离，器械的方向应避免光线的直射、反光或逆风等。还要考虑组织调队的简便。其次，场地器材的布置要便于课堂管理，器械的安放应考虑置于教师的视野之内，以利于管理与控制。再次，场地器材的布置应整洁，具有美感，有利于激起学生的兴趣和调动他们的积极性。最后，使用各种场地时，都需要标画场地，最常用的方法是用白粉画线的线段法，标志线应整洁、清晰，不宜过多而使学生难以辨认。

5. 加强运动场地建筑的环境绿化

绿化不仅能美化环境，陶冶情操，而且还有许多有利于人类健康与生存的功能，可以说绿化与人类的生存息息相关。特别是在环境污染日趋严重的今日，就有着更重要的意义。绿色植物具有吸收二氧化碳，放出氧气；吸收有毒气体，净化空气；减少噪音，美化环境的功能。因此靠近绿地参加体育活动就有更积极的意义。因为绿化环境中空气新鲜、洁净，氧气含量较高，能感觉到空气清新、呼吸舒畅，减少了氧债，延缓了疲劳的出现，并且加快了精力的恢复，同时因为吸进的是洁净的空气，所以大大减少了污染物质对人体的危害，有利于学生的身体

健康。

（二）学校体育心理环境的设计

1. 学校体育传统与风气的设计要求

（1）争取和依靠学校领导的支持。

争取和依靠学校领导的支持是做好学校体育工作，创建学校体育传统与风气的保证。这是因为，学校领导办学的指导思想、行政决策等直接关系到学校体育工作的开展，关系到一个学校的校风、体育传统与风气的营建。实践表明，凡是一些体育工作开展得较好的，并形成良好体育传统与风气的学校，无一例外的都是学校领导高度重视体育，在认识上到位，在制度措施上落实。

（2）加强体育教师素质水平的提高，切实做好教书育人的工作。

体育教师是学校体育工作的组织者和实施者，是做好学校体育工作的关键。体育教师经常和学生进行直接的交往，他的精神面貌和行为方式对学生的影响是持久而深刻的。体育教师的政治素质和业务素质，不仅直接关系到其工作的质量和效果，而且对学生的体育兴趣、爱好以及锻炼习惯的养成至关重要。

（3）加强舆论宣传，培养学生对体育的自觉意识。

由于旧的文化传统的影响，加之现实教育政策上的一些不完善，人们对学校体育的地位、意义、功能等往往认识不足，学生中仍然不同程度地存在“智育第一”等陈旧观念，因此，要培养学生人人爱运动，个个求健康，把锻炼身体作为日常生活的一种习惯，就必须加强对体育的正面宣传和引导，营造一种舆论、氛围，以培养、强化学生的自我体育意识，使之形成一种自觉的、内在的驱动力，促进学生锻炼习惯的养成。

（4）完善规章制度，改善物质条件。

一定精神文化的作用也有赖于一定的物质和制度文化的保证，为了构建学校体育传统与风气，首先必须建立一套切实可行的学校体育规章制度。尤其是在工作的开始阶段，严格的规章制度和组织纪律往往能对创设一种心理环境起到促进作用。

（5）建立学校、家庭、社会立体化教育网络。

在学校体育传统与风气的形成过程中学校体育教育是主体，社会是学校体育教育的外部环境，家庭则是学校体育教育的基础，许多研究已经证明，学生对体育的爱好，很大程度上受父母的影响。学校体育传统与风气的形成总是在不知不觉中受二者的影响。只有三者有机地结合起来，相互配合，相互支持，才能发挥最大的整体效益

2. 体育教学良好心理气氛的构建

（1）改善教师的指导作风。

教师的领导作风是制约体育教学心理气氛的重要因素。心理学家勒温·李皮特和怀特在其著名的试验中，让成人分别扮演成民主、专制、放任三种不同作风的领导者去指导11岁的儿童进行活动。结果发现，具有民主作风的领导者与儿童合作和睦，儿童的情绪高涨，表现出极大的活动兴趣；具有专制作风的领导者对儿童要求苛刻、专横时，儿童的表现不是冷淡就是怀有敌意。以后的许多研究也表明，当教师的行动更民主时，课堂心理气氛就更加活跃。

（2）建立和谐的师生人际关系，开辟多种交往渠道。

体育教学心理气氛，要受到师生人际关系的制约，作为教学集体意识状态的心理气氛是学生对师生关系的心理反应，教学信息传输的有效度与师生关系的和谐程度成正相关。美国心理学家 L. P. 索普指出：“师生之间的良好关系和良好的课堂气氛能使学生在学习上合作，这是学生取得更好成绩的主要原因之一。”融洽的师生关系使得教学信息传输通畅，是推动体育教学整体发展的动力，师生之间的协调和适应是教学过程相对平衡和稳定的状态。

（3）对每一个学生都要满怀希望。

学生之间在体能、运动素质等方面难免会存在一定的差异，这些差异往往导致某些教师在教学活动中厚此薄彼，甚至对某些所谓的差生进行讽刺、挖苦以至侮辱，伤害了学生的自尊心，这是必须杜绝的。教师只有尊重所有的学生，对每一个学生都充满信心，满怀期望，让所有的学生都能抬起头来说话，而不是偏爱一部分，嫌弃一部分，才能获得所有学生的尊重，从而使他们在课堂教学活动中密切地配合教师。

（4）强化集体意识，培养团结合作精神。

每个学生都有积极上进心，有着争取自己成功的高度愿望。因而，教师要对学生进行必要的心理品质训练和培养。教学过程中经常有的放矢地采用游戏、竞

赛等教学方法，激发学生进一步学习的兴趣与欲望，并有利于使全体学生乐意让自己服从教学集体的需要，把自己与集体紧密地联系在一起，对教学目标定向上的认知、情感、动机、态度的形成趋向一致，自觉地适应和遵从角色规范要求，从内心认识到服从纪律既是教学集体的意愿，又是自身的学习需要，从而强化集体意识观念，增强教学集体的凝聚力，培养学生的团结合作精神，促使教学心理气氛的优化。①

二、优化体育教学环境，促进学生和谐发展

（一）优化体育教学物理环境

气候、温度、光线、声音、气味、色彩，这些物理因素会直接影响到学生的身心活动，会使学生产生不同的生理和心理反应。清新的空气、整洁的场地、广阔的空间，能够使学生心情愉快、学习认真、精力集中，较快地掌握动作，提高学习效率。

如果让学生在空气污浊、尘土飞扬、卫生情况较差的场地上学习，就会使学生精神涣散，降低教学效果。作为教学环境的重要组成部分，体育教学设施不仅直接影响和制约着体育教学活动的顺利进展，而且还以自身的外部特征给学生带来不同的刺激，如体育器材布置错落有致、整洁有序，则给学生一种愉快、轻松的感觉。教师充分备课、熟悉教材，对场地器材进行科学合理的布置，为学生创造一个良好的练习环境，刺激学生参与教学过程。调动学生多重感官的积极反应，使学生在认知过程中，促进对信息的感知、理解，对学习情绪、教学效果、教学质量产生良好的影响，从而达到预期的教学目的。

（二）优化体育教学人文环境

作为体育教师，首先要改变以往“教练式”的严肃面孔，以平等、理解的方式和学生互动交流。人与人只有在平等的基础上，才能彼此敞开心扉，进行真正的对话、沟通，从而达到相互理解的境界。

其次，倡导沟通是体育教学新型师生关系的主导趋向。沟通不仅是信息的双

① 姚蕾．体育教学环境的构成要素、功能与设计［J］．北京体育大学学报，2003（26）．

向流动，还是交往的双向理解和包容。体育教学活动中，师生在沟通中协调了彼此的情感与行为，增加了智慧，丰富了生命的体验，提炼了生活的意义。

由于体育固有的竞技性，“竞争”和“挑战”在体育教学中无不让每一位学生激动。每周数节体育课，学生们会经历无数次挑战与竞争，有个体的，有集体的。如何鼓励每一个个体“永不言败”，“努力、努力、再努力！”如何帮助学生形成“互帮互助”“互相勉励”“彼此鼓劲”的集体氛围，形成集体中“一个也不掉队”的团队精神，体育老师在每一节体育课堂教学中都面对着这些问题。

综上所述，可以看出，体育教学环境对体育教学活动的影响是很大的，因为任何一种教学活动都必须在一定的环境下进行，体育教学当然也不能例外，教学环境应该被认为是教学活动必须凭借而不能摆脱的一个重要因素，深入了解和发现体育教学环境这一重要的教学要素在体育教学活动中的功能和作用，以及其影响学生身心发展的内在机制，有助于我们更好地探索教育规律，提高教学质量。

（三）优化体育教学环境的具体措施

1. 优化体育教学过程中师生的身体活动环境

现代体育教学理论认为，体育教学过程不仅是体育知识、技能的传授过程，而且还伴随着师生之间的情绪、情感交流，伴随着态度和行为方式的相互作用和影响。传统的体育教学是以教师为中心，机械呆板、整体划一的教学模式压抑了学生的个性发展，这种环境下的课堂教学，缺乏真正的人际交流和学生的主动性活动，从而容易引发学生在教学过程中产生厌烦情绪和心理、生理的疲劳，因此改善课堂教学过程中的人际交流方式和活动方式，就可能会收到意想不到的教学实际效果。

依据美国教育心理学家林格伦的研究，我们归纳总结并建立了以下 3 种互动与沟通模式：双向沟通模式，是教师对一个或几个学生的个别指导，是从学生的身体需要出发设计的教学过程，它有助于因材施教，是培养学生自主学习的一条有效途径。多向沟通模式，是教师和学生保持多向交往并能够接收到学生的反馈而及时调整自己的做法。让每个学生带着自己的认识倾向、思考方式和价值观念参与到集体学习中，彼此启发，相互激励，不断进步。多级沟通模式，是一种师生交往与同学间交往相结合的类型。教师成为相互交往的中心并且善于从交往的范围、深度等方面加以引导。该模式提倡多层次、多指向的交往方式，以达到师生、学生之间积极的相互依赖关系。同时也给学生创造了更多的选择机会，发挥自己主动性的机会，发展和提高自己才能的机会。

2. 创建良好和谐的课堂教学气氛环境

体育教学过程中教与学的意向、动机、兴趣等总是在一定的情景及气氛中产生的，教学气氛一旦产生，便能作为一种相对独立的心理环境因素，反过来作用于学生的课堂学习的行为，并影响整个课堂教学实际效果。因此，创建一个良好、和谐的课堂教学气氛能够进一步保证课堂教学目标的有效实现。

（1）建立和谐、宽松、民主的课堂教学氛围。

在现代的体育教学过程中，师生之间的关系可以表述为“共同参与，互相合作”。学生所具有的主观能动性，使他们有可能和有能力积极、主动地参与教学活动，虽然他们还是一个不成熟的，而通过教育和教学又不断走向发展和成熟的群体，但他们同时又是一个充满情感、活力、个性的生命群体。因此，教学活动中教师和学生的人格地位是平等的，学生与学生之间的人格地位也是平等的，体育教学活动中必须体现出这种平等和谐的人际关系，教师要充分尊重学生的人格，为每一个学生提供参与教学活动的机会，鼓励和支持学生在一种平等和谐的气氛中交流自己的观点、意见，让每一位学生都能在这样一种真正的教学民主气氛中，在平等互动活动的过程中，展示自己的才华，发挥自己的潜能。实践证明，融洽的师生关系使得教学信息传输通畅，有助于强化师生关系的凝聚力，促进学生人格的健全与发展。

（2）创建良好的班级心理环境。

一个良好的班级教学心理环境，能有效地组织和实施课堂教学，有利于消除课堂教学活动中学生认知的阻隔、情感的阻隔、人格的阻隔，因此，从班级集体的心理环境角度来说，首先要树立正确向上的班级集体目标，它能有效地激发全体学生为班组集体荣誉而贡献出自己的热情和积极性，在互帮互学过程中增强团结。其次，要形成较强的班组集体内聚力，一个班组集体内聚力的强或弱，能说明班组集体目标的明确与否，体现该班组成员对目标认同程度的高低，反映该班级集体成员之间人际关系融洽和谐状态。再次，要建立和谐良好的班级人际关系，师生沟通融洽，容易使学生在知识理解、技术掌握、技能形成过程中与教师行为“共振”，心理“共鸣”，形成一个和谐、默契的交互式的教学情境。这种和谐、默契的教学情境有助于发挥学生的身心潜力，增强学生的自信心，激发学生的创造能力，并对调动教师与学生教与学的积极性，调节教师与学生在教学活动中的行为与情感，起到外界不可替代的作用。

（3）明确体育教学指导思想，有效控制教学过程。

教学指导思想是对教育培养目标的理性认识外化为行动指南的理论表达，它对教学实践活动起方向指导作用，教学指导思想是随着培养目标的变化而变化，并受一定时代社会意识形态的制约及各种思潮的影响。因此，不同年龄段、不同班组、不同学科、不同教学内容的课堂教学的目的和教学要求也有所不同，因而创设课堂教学的气氛与环境的要求也会不同，作为课堂教学的主要设计者和实施者，教师必须要有明确清晰的课堂教学目标，并能根据课堂教学目标要求，及时进行调控。首先，应该及时有效地调控体育教学的活动内容和教学策略，因为，在具体的课堂教学实施的活动过程中，各种因素会随着教学活动的进行不断地产生新的变化，例如教师与学生之间突然出现的对立与冲突，可能会破坏已形成的良好的教学氛围，因此，教师在这样一个动态的变化过程中，要根据体育教学内容、教学时间及动作焦点，及时连续地在教学活动中从学生的情绪表现、动作表现、问题反应等方面，捕捉各种反馈信息，适时灵活地进行调控，保证教学形式的诙谐性和趣味性，教学要求的严肃性和可行性，练习方法的科学性和形象性。其次，尊重学生个性差异，让学生有充分的自由选择、评价和确定方向的权利，鼓励学生发挥自己的特长、优势，培养学生的创造精神，学会发现问题，并且能够正确地、恰当地运用探索、研究等方法分析和解决问题，促进学生认知结构、意志品质、情感态度等方面的发展和完善，同时，教师要不断地加强自身的品德修养，提高业务水平，丰富教学艺术，言传身教，为人师表。此外，教师还要妥善处理好教学过程中出现的各种偶发事件，防止消极因素对正常教学气氛的干扰，营造良好的场景，优化体育教学心理气氛，以保证正常的教学秩序，维护良好的教学环境。

第四节　体育教学环境设计案例

一、体育教学环境的设计

（一）体育场地设施的建设

建设学生的体育场设施应该本着以学生的身体素质为出发点，培养学生基本的活动能力和身体素质。

（二）体育器材设施的规格

中小学生使用的体育建设器材有的已经超出了学生的使用标准，这种情况下就不方便学生的使用。比如篮球，在中小学有97%的学校的篮球器具都是不适宜的，其中53%的学校使用成人篮球，99%的学校使用成人篮球架和球场。这种情况下就妨碍了学生身体素质的锻炼。

（三）因地制宜，建设、美化体育设施，营造良好体育氛围

应做好学校在设施、设备方面的管理，受到学校经济费用的限制，学校可以根据现有的地势条件，充分利用现有的各种优势，自己建造运动建设的器材，巧妙地发挥学校的优势，实现学校设施、设备的完好。

（四）提高学校教师素质

教师素质水平的提升是做好体育教学的前提。教师作为体育教学课程的组织者和创建者，其对学生的体育训练起到了关键性作用，因此，教师自身的素质对学生的学习有着很大的影响。

（五）加强舆论宣传，培养学生对体育的自觉意识

受到传统文化的影响，教师在教学的过程中，没有开发学生自主学习的意

识，学生在思想中仍然认为教师的教学就是一个被动的过程。对于体育锻炼，学生的认识只是停留在放松和休息的层面，没有把它当作一项学习的课程。教师对此应积极地宣传体育锻炼的重要性，并强化学生自身的学习意识，提高学生的文化知识水平。

二、体育教学环境设计案例分析

众所周知，体育教学是在一定的气候气象条件下进行的，气候气象条件的差异对体育教学活动的内容和形式的选择有着极大的影响。同时，教师和学生的情感情绪也会随之发生变化，并在一定程度上影响着整个体育教学活动过程的顺利开展。我国的体育教学活动基本上以户外的身体练习为主，生态环境对体育课堂教学的影响不可忽视。

因此，一定要根据客观的生态环境选择合适的体育教学内容和形式，以“乡土性”为原则，挖掘气象气候资源。体育教学要体现出地域的独特性和丰富性，还要注意引导不同地区、不同民族体育项目之间的融合交汇，这样才可以带领学生去体验丰富多彩的体育文化，增强学生学习体育的浓厚兴趣，提高学生的身心健康水平。体育教学基础设施是体育教学环境中的物理环境的主要因素，也是体育教学顺利进行的重要物质基础。目前，不少学校体育场地、器材设施的配置不符合规定，这对于正常的体育教学活动产生了限制和阻碍作用。

体育教师要学会合理利用教学资源，科学合理地设计体育教学内容，提高学生学习体育的兴趣。像乒乓球、羽毛球、篮球、排球等运动项目，占地小，参与人数多，可以多选择这些项目作为教学内容，科学有效地利用身边有限的体育教学资源。要注意创新教学内容，结合身边的小物件，如手绢、沙包、毽子、跳绳等物品，组织学生进行游戏比赛，提高学生的参与兴趣，在游戏中实现体能和技能的提高。此外，可发展一些对体育场地设施要求比较低的体育项目，像体育舞蹈、瑜伽、武术、跆拳道等，学生对这些项目参与兴趣高，这些项目对场地、器材的要求也比较低。

班级规模是影响体育教学质量的一个不可忽视的重要因素，我国目前主要采取的还是班级授课制为主的教学组织形式。班级人数过多，所带来的公平性会严重降低，也影响着学生在体育课堂上的表现。有研究表明：“在人口密度大的区域活动，情绪会变得急躁，注意力分散，攻击性行为会明显增加”①。

体育教师应该根据班级规模尽量采取适合的队形队列组织方式，尽量降低班级规模太大带来的不利影响。可根据学生的交流需要，灵活调整队形队列，向学生传递更多的教学信息，提高课堂教学质量。课堂是学生学习知识和技能的主要场所，课堂氛围包含了教师和学生的心境、情绪和师生之间的关系。在体育教学中，教学目标应向着多元化的方向发展，而营造积极向上的课堂氛围，有利于学生和教师之间的信息交流和情感交流，有利于增强课堂的吸引力和感染力，有利于教师及时、快速、准确地掌握学生的信息，然后依据不同的教学情景及时地调整教学内容和教学方法。

体育教师可以通过自己的举止、表情等，将关心和期望传达给学生，在心理上和学生产生共鸣，引导学生积极配合体育教学的进行，达到良好的课堂教学效果。体育教师要充分利用体育活动自身的特性，引导学生积极参与，减轻学生心理压力，激发学生求知欲望。

教学能力是教师完成教学任务，实现教学目标的能力，包括分析掌握教材的能力、示范讲解的能力、选择教学方法和制定教学目标的能力、教学组织管理和调控能力，还包括教学创新的能力、科研能力和协调师生关系的能力，以及观察和深入了解学生的能力、师生沟通的技能。对于体育教师来说，还要有组织比赛、安排体育训练、课外体育活动指导的能力和基本的医疗救助能力。

由此，体育教师要重视自身的发展，学校也要为体育教师提供充分的发展空间，让教师在参加工作之后还能接受教育。体育教师在充分准备体育教学的同时，也要注重扩展自身的知识面，重视自身能力的提高，及时补充先进的科学知识，跟随时代的发展，更好地实现教学目标。

① 张鑫．体育教学环境研究［J］．山东师范大学学报，2007（2）．

◎ 讨论与思考：

1. 请解释体育教学环境的概念。
2. 体育教学环境有哪几种分类方式？并举例说明。
3. 体育教学环境的功能有哪些？
4. 试讨论如何设计和优化体育教学的场所和设施并举例说明。

第九章　体育教学负荷控制与案例分析

☞ 引言

安排课的运动负荷，总的来说，应根据人体生理机能活动能力变化的规律和人体机能适应性规律，循序渐进，逐渐加大运动负荷。在整个教学活动中，随着学生身体素质的提高，根据学生对运动负荷的适应过程和机能恢复过程的生理规律，可有节奏地逐步加大运动负荷。

☞ 学习目标

通过本章的学习，使学生理解运动负荷的概念，知道运动负荷的评价手段及方法，学会对体育教学的运动负荷进行调控，掌握合理安排体育课运动负荷的注意事项。

第一节　运动负荷概述

一、运动负荷的含义

运动负荷是以身体练习为基本手段对有机体施加的训练刺激①。主要包括生理负荷和心理负荷两个方面，通常所说的运动负荷是生理负荷，即机体在生理方面所承受的训练刺激。运动负荷的外部表现为量和强度，其内部表现则为心率、血压、血乳酸等生理机能指标的变化。运动负荷的结构如图 9-1 所示。

---

① 邓树励，等．运动生理学［M］．北京：高等教育出版社，2005：348.

- 运动负荷
  - 外部数据
    - 运动量（时间、次组数、总距离、总负重量等）
    - 运动强度（密度、速度、质量、负重量、难度等）
  - 内部数据
    - 生理负荷（呼吸机能、循环机能、排泄机能、运动系统、神经系统等）
    - 心理负荷（个性、情绪、思维、注意、记忆、感知等）

图 9-1　运动负荷的结构

二、对运动负荷的理解和认识

我国青少年体质连续多年下降，与体育教学实践中追求轻松愉快的课堂氛围，不重视运动负荷有关。因此，必须树立合理运动负荷的思想，正确认识和安排教学中学生的合理运动负荷并遵循一定的要求，做好课前合理运动负荷的设计，并在教学过程中及时调控运动负荷，将学生的合理运动负荷落到实处，以增强学生的体质。

（一）必须树立合理运动负荷的思想

体育课程与教学坚持合理的运动负荷，不但是新课程实施体育教学的必备因素，也是评价一节体育课成功与否的重要因素。

（二）正确认识体育课合理的运动负荷

安排课的运动负荷，总的来说，应根据人体生理机能活动能力变化的规律和人体机能适应性规律，循序渐进，逐渐加大运动负荷。在体育课中，运动负荷包括运动量和运动强度。影响运动量的主要因素是练习的次数、总时间和总重量等。运动强度是指单位时间内完成练习所用的力量大小和机体的紧张程度。影响运动强度的主要因素是练习时的速度和负重量。

三、运动负荷的评价方法

体育教学是为了增进学生的健康，促进其生长发育，这就需要体育教学课的负荷对学生产生一定的生理效应。因此为保证体育课教学质量，掌握体育课运动负荷的评定方法是十分必要的。测定体育课运动负荷的方法有很多，常见的方法有五类：

（一）观察法

教师观察学生完成动作的质量、动作的准确性、控制身体的能力、学生的呼吸、汗量、脸色、面部表情、声音以及做动作的积极性等方面来判断负荷是否合适。观察法没有固定的指标，因季节、气温的不同而有所差异，因此，判断体育课运动负荷的大小是比较困难的。

（二）心理学评价法

心理学评价法采用推荐的主观强度感觉，其基本原理来自人体的主观体力感觉，人类具有的很强的自我感觉体能消耗的能力，这种体能感知能告诉人们对某一强度的忍受程度，把这种主观症状感觉变成具有实际意义的指标，并将其量化用来表示运动负荷强度，即教师依据学生运动后的反应，包括食欲、睡眠、精神状况等，或学生根据自己的感觉来填写主观强度感觉量表，包括有无疲劳感，肌肉是否酸痛，是否有心悸、胸痛、恶心等感觉，练习的情绪与兴趣，食欲、睡眠、精神状况等，判断自己所承受的运动负荷是否恰当。主观强度感觉法，因涉及的主观因素较多，且必须与其他评定方法相结合才能具有实际的指导意义和应用价值，故应用的范围不是很广泛。

（三）内部负荷指标法

内部负荷指标法即生理、生化评定法，以“内部指标”的变化进行的运动负荷评价体系较多，大多来源于实验室研究的结果，这是一种根据人体受外界的刺激在体内产生变化而得出的能较客观反映运动负荷的方法，如生理上采用脉搏、血压、最大摄氧量百分比、心率储备、呼吸频率、肺活量等，生化方面采用代谢产物乳酸、血清酶、血红蛋白、尿素等，这些指标体系从不同的侧面反映出身体内部机能状态的变化，比较客观准确，但测定时需要有专业人员和一定的测量仪器才能完成，而且过程也比较复杂，在体育课中对运动负荷进行测定要收集现场数据是行不通的，且有些指标存在着项目和个体差异，也未考虑到心理负荷的影响。为此，体育课中测定运动负荷最常用，也最实用的内部负荷指标是脉搏，即测定心率。心率测定法是通过一次课上多次测学生的心率，了解和掌握一次课的心率变化情况，判断运动负荷安排是否适当。一般测定部位有桡动脉、颈动脉。心率测定可以是学生自测，也可以是专人测定。

心率即心脏每分钟搏动的次数，机体在运动过程中，心脏对代谢活动的细微变化能很快做出反应，因此，心率被称为评定和预测身体状况的“晴雨表”。心脏的活动与运动、呼吸、神经等系统协调一致，心脏活动与血管和呼吸活动的整合作用发生在脑干的血管和呼吸的控制区。神经冲动从身体各部位传导到这些区域，然后被整合并对这些传入冲动做出相应反应。因此，心率可以反映运动机体满足代谢需要涉及的所有调节机制的总体反应，即人体机能状态。

目前，心率评定运动负荷常用的方法有 7 种：指数法、百分数法、心率恢复法、晨脉法、前后比较法、主观强度感觉法、数据参照法。

（四）外部负荷指标法

外部负荷指标为一般量化法，以“外部指标”为评价的依据，大多来源于教师和体育科研研究人员，他们根据运动个体在单位时间内完成活动动作的数量和强度，或单位时间内机体的做功量等指标确定运动负荷水平，这一指标体系有利于教师在教学过程中直观判断学生的负荷水平，这种方法在实践和科研中是运用得最为普遍的一种方法。

（五）综合负荷指标法

综合负荷指标法即“外部指标”和“内部指标”相结合的方法。两者相结合的研究报道较多，大多数的研究结果证实了“内部量”和“外部量”之间的线性关系。

第二节 体育课运动负荷的量度

运动负荷总的调节策略应是高低结合，动静交替。通常把正常学生取得最佳健身效果的心率区间确定为 120~140 次/分，而一节课上，将此心率的保持时间控制在 10 分钟以上，并以中等强度和中等量结合的运动负荷为主，兼顾学生的课后恢复。体育课运动负荷常采用课的平均心率和课的练习密度这两个指标来反映。体育教学中影响运动负荷的主要因素是负荷的量和强度、休息的量和恢复强度。

课的平均心率是通过一次课中多次测定学生心率的方法来获得平均数。通常，一堂课心率测定不应少于 20 次，可采用练习前后与定时测（2 分钟为宜）相结合的方法来获得数据。

一般一节课的运动负荷模式有标准型、双峰型、前高后低型、前低后高型等模式。标准型指运动负荷由小到大逐渐上升到一定水平，持续一定时间后再逐渐下降。课的练习密度是一节课上学生实际从事练习的时间与课的总时间的比例。通常，学生整堂课的平均心率维持在每分钟 130 次左右，实际练习时间占整堂课时间的 30%左右，被认为是体育课适宜的运动负荷。体育课必须有适宜的运动负荷，过分关注学生的生理效应而忽略心理效应是有失偏颇的，而不再关注学生的生理效应却是从一个极端走向另一个极端。

第三节　调控体育课运动负荷的方法

教师不仅要在课前周密地安排运动负荷，在课的进行中还要细致地观察和分析运动负荷的大小及其变化情况，及时调控运动负荷，努力使所有的学生都达到适宜的运动负荷。调控体育课运动负荷是一项细致的工作，应综合研究分析多方面的信息，将量化分析与直觉判断相结合。最常见方法，如观察学生的脸色、表情、出汗量、气喘、反应速度及协调能力等表现来判断其承受运动负荷的情况，或者由学生自述主观感觉，包括有无疲劳感、肌肉是否酸痛等。调整体育课运动负荷一般可采用以下方法：

一、改变身体运动的要素

任何身体运动一般都由身体姿势、动作轨迹、动作时间、动作速度、动作速率、动作力量和动作节奏构成，只是其表现形式和程度不同，从而形成各自的运动形式和技术特征，以及对人体的不同影响和作用。其中动作时间的长短、动作速度、动作速率、动作力量对人体承受的运动负荷有直接影响。如动作速率改变，动作的强度也随之改变，而同一动作用不同的速度进行练习，对机体的影响也不同，即速度越快，强度越大，对机体的刺激也越强烈，反之亦然。安排与调控体育课负荷量度常以改变身体运动的要素作为手段。

二、改变练习的顺序和组合

体育课各练习之间不同的间隔与联系会产生不同的运动负荷的累积效应，其中影响较大的是调整练习间歇时间。练习与休息交替是调控运动负荷的常用方法，如延长或缩短练习之间的间隔时间（休息方式）等。

三、改变练习的重复次数

增加或减少练习的重复次数，可改变学生实际练习的时间，保证适宜的体育课练习密度与运动负荷。

四、改变练习的限制条件

改变练习的限制条件，如通过改变活动范围、练习内容的难易度、附加条件等，进行运动负荷调控。

五、改变课的组织教法安排

体育课组织教法措施是影响学生运动负荷的重要因素。例如，全班教学、分组教学、分组轮换教学等组织形式不同，学生练习机会也不同，负荷也同。分组教学，每组学生练习机会增多，负荷量度安排与调控具有更大的灵活性。此外，合理组织和调动队伍，避免让学生过多排队等待和变换队形，多采用竞赛法、循环练习法等，都可以增加学生练习的机会。当练习负荷大时，可通过讲解、示范、评价、学生分组观摩等各种形式，使学生得到一定的休息，减缓运动负荷。

第四节 合理安排体育课运动负荷的注意事项

一、根据学生的身心发展水平安排运动负荷

学生运动负荷过大，容易造成身体疲劳，甚至引起伤害事故，使学生感到厌

烦和畏惧，并使欲望受到压抑；运动负荷偏小，则达不到锻炼身体和增强体质的目的，学生也很难在运动中感受到运动的内在魅力及练习过程中的快乐。教师要根据人体的生理变化规律和心理变化规律，依据教材内容和学生实际，合理确定运动负荷。对此，要着眼于学生的身体健康和心理健康，坚持“健康第一”的原则，以促进学生健康成长。

学生运动负荷过大或过小，都不利于教学目标的达成，不利于学生的健康成长。在体育课的教学中，要保证合理的运动负荷，坚持以学生发展为中心，并采用脉搏测量、询问和观察等方法测量运动负荷，重视学生的主观感受，准确地了解学生所承受的运动负荷的大小，以便适时调整。在此基础上，教师要不断总结，积累经验，以增强自己在教学过程中对运动负荷的调控能力，尽可能使每节课的运动负荷趋于合理。

体育课的运动负荷原则上以中等能力的学生为基准点，应该是大多数学生经过努力可以完成的。同时还要兼顾两头，围绕基准点上下波动，安排不同层次的学生进行不同次数和组数的练习，以满足不同的需求，确保每个学生受益。

二、根据体育课的类型安排运动负荷

教师在体育课前的备课要做到心中有数，在安排教材内容时，应合理搭配不同性质、不同强度、练习密度适宜的教材。因为不同年级、不同教材、不同类型的体育课，其运动负荷是不同的。在教材内容的安排上，运动负荷大和运动负荷小的练习可以交替安排，如强度较小的走、投与强度较大的跑、跳等内容的组合。通常，新授课以学习新教材为主，进行有必要的讲解、示范、保护与帮助等，运动负荷会偏低；复习课以改进、巩固和提高已经学过的内容为主，运动负荷会增大；综合课因有新、旧两种教材，运动负荷通常居中；测验课、考试课一般练习密度相对较小，而练习强度相对较大 。

三、根据体育课教材的性质安排运动负荷

不同教材的运动负荷特点不同。例如，跳远、短跑是速度性的运动项目，要求学生以最快速度、最大强度完成特定的练习，因此学生要能够承受较大的负荷强度和一定的负荷量。而体操、武术教学则侧重动作难度的掌握，一般为中等强

度负荷。在安排教材内容时，应合理搭配不同性质、不同负荷的教材，如强度较大的跑、跳跃与强度较小的投掷、韵律操和舞蹈等内容组合。如果预计教材内容达不到一定的运动负荷要求，还可以安排专门提高身体素质的练习来弥补（如伴随运动技术学习的身体素质练习、为提高运动技术的专门性身体素质练习、为发展学生某些基本身体素质的练习等），以使整堂课的负荷安排合理。

四、根据季节气候及场地器材条件安排运动负荷

体育场地器材能否满足需要，直接影响体育课运动负荷。如果场地器材达不到正常标准，可采用分组轮换或循环练习等形式，以加大学生的练习密度。高温天气要耗费学生一定体能，此时的负荷应相应降低；寒冷季节学生肌肉、韧带的黏滞性增加，没有一定的负荷量，难以达到热身效果。除此之外，风力、地理环境等也是安排运动负荷应考虑的因素。

体育课组织教法措施是影响学生运动负荷的重要因素。例如，全班教学、分组教学、分组轮换教学等组织形式不同，学生练习机会也不同，运动负荷也不同。分组教学，每组学生练习机会增多，负荷量度安排与调控具有更大的灵活性。此外，合理组织和调动队伍，避免让学生过多排队等待和变换队形，多采用竞赛法、循环练习法等，都可以增加学生练习的机会。当练习负荷较大时，可通过讲解、示范、评价、学生分组观摩等各种形式，使学生得到一定的休息，减缓运动负荷。

◎ 讨论与思考：

1. 什么是运动负荷？运动量与运动强度有何不同？
2. 结合自身经验，请你谈谈在体育教学中如何调控运动负荷？
3. 运动负荷的评价方法有哪些？具体是怎样操作的？
4. 在体育课堂教学中安排运动负荷的注意事项有哪些？并举例说明。

参考文献

[1] 佐藤正夫. 教学论原理 [M]. 钟启泉译. 北京: 人民教育出版社, 1996.

[2] 夸美纽斯. 大教学论 [M]. 傅任敢译. 北京: 教育科学出版社, 1999.

[3] 李祥. 学校体育学 [M]. 北京: 商等教育出版社, 2001.

[4] 刘善言. 学校体育学 [M]. 济南: 山东大学出版社, 2001.

[5] 李建军. 现代体育教学目标的特点与构建 [J]. 体育学刊, 2002 (5): 81-82.

[6] 樊临虎. 体育教学论 [M]. 北京: 人民体育出版社, 2002.

[7] 体育与健康课程标准研制组. 体育与健康新课案例评价 [M]. 北京: 高等教育出版社, 2003.

[8] 王皋华. 体育新课程设计 [M]. 北京: 高等教育出版社, 2003.

[9] 毛振明. 体育课程与教材新论 [M]. 沈阳: 辽宁大学出版社, 2003.

[10] 刘海元. 体育学科主要培养学生“身体-动觉智力” [J]. 西安体育学报, 2004.

[11] 谢彬. 新课程教学设计 (体育) [M]. 北京: 首都师范大学出版社, 2004.

[12] 周登嵩. 学校体育学 [M]. 北京: 人民体育出版社, 2004.

[13] 王策三. 教学认识论 [M]. 北京: 北京师范大学出版社, 2004.

[14] 毛振明. 体育教学论 [M]. 北京: 高等教育出版社, 2005.

[15] 潘绍伟, 于可红. 学校体育学 (第二版) [M]. 北京: 高等教育出版社, 2007.

[16] 杨贵仁. 新时期我国学校体育改革与发展研究 [C]. 北京: 北京体育大学出版社, 2008.

[17] 沈建华, 陈融. 学校体育学 [M]. 北京: 人民体育出版社, 2010.

[18] 毛振明，于素梅．初中体育教策略［M］．北京：北京师范大学出版社，2010.
[19] 王亚琼等．中学体育课程教学理论与实践［M］．北京：北京师范大学出版社，2011.
[20] 颜庆等．中学体育教材教法［M］．北京：北京师范大学出版社，2013.
[21] 毛振明，万茹．初中体育教策略［M］．北京：北京师范大学出版社，2013.
[22] 林高明．有效评课策略与方法［M］．福州：福建教育出版社，2013.
[23] 华国栋．差异教学管理策略［M］．北京：北京师范大学出版社，2016.
[24] 张振华．体育教学策略与设计［M］．北京：北京师范大学出版社，2016.
[25] 张振华，毛振明．学校体育教材教法［M］．北京：北京师范大学出版社，2016.
[26] 张振华．体育教学理论与方法［M］．北京：北京师范大学出版社，2016.
[27] 戚业国．课堂设计与教学策略［M］．北京：北京师范大学出版社，2016.
[28] 潘绍伟，于可红．学校体育学（第三版）［M］．北京：高等教育出版社，2017.
[29] 毛振明．体育教学论（第三版）［M］．北京：高等教育出版社，2017.
[30] 辛继湘．课堂教学管理策略［M］．北京：北京师范大学出版社，2018.
[31] 中公教师教育资格考试研究院．国家教师资格考试专业教材［M］．北京：世界图书出版社，2018.
[32] 山香教师招聘考试命题研究中心．教师招聘考试专用教材［M］．北京：首都师范大学出版社，2018.
[33] 中公教师教育资格考试研究院．国家教师资格考试专业教材［M］．北京：世界图书出版社，2019.
[34] 山香教师招聘考试命题研究中心．教师招聘考试专用教材［M］．北京：首都师范大学出版社，2019.